O Senhor é meu Pastor

Zelda
Amília
17-08-2019.

"O Senhor
é o meu
Pastor"

Leonardo

BOFF

O Senhor é meu Pastor

Consolo divino para o desamparo humano

SEXTANTE

Caixa Postal 92.144 – Itaipava – Petrópolis – 25.741-970 – RJ – Brasil
www.leonardoboff.com

assessoria jurídica
Cristiano Monteiro de Miranda
e-mail: crismiran@terra.com.br

preparo de originais
Regina da Veiga Pereira

revisão
Antonio dos Prazeres
Sérgio Bellinello Soares

projeto gráfico e diagramação
Valéria Teixeira

capa
Brazen Rio – www.riomultimidia.com

fotolitos
R R Donnelley América Latina

impressão e acabamento
Yangraf Gráfica e Editora Ltda.

CIP-BRASIL. CATALOGAÇÃO-NA-FONTE
SINDICATO NACIONAL DOS EDITORES DE LIVROS, RJ

B661s Boff, Leonardo, 1938-
O Senhor é meu pastor: consolo divino para o desamparo humano / Leonardo Boff. – Rio de Janeiro: Sextante, 2004.

ISBN 85-7542-107-7

1. Bíblia. A. T. Salmos. 2. Meditação. 3. Orações. I. Título.

04-0304. CDD 223.2
CDU 223.2

Rua Voluntários da Pátria, 45 – Gr. 1.404 – Botafogo
22270-000 – Rio de Janeiro – RJ
Tel.: (21) 2286-9944 – Fax: (21) 2286-9244
Central de Atendimento: 0800-22-6306
E-mail: atendimento@esextante.com.br
www.sextante.com.br

Ao amigo Luiz Gonzaga de Souza Lima,
para quem o Salmo do Bom Pastor, em
momentos dramáticos e decisivos de sua vida,
foi luz e orientação.

Salmo 23: Senhor, pastor e hospedeiro

SALMO DE DAVI

O Senhor é meu pastor: nada me falta.
Em verdes pastagens me faz descansar,
Conduz-me até fontes repousantes
E repara minhas forças.

Guia-me por caminhos seguros
Como pede Sua missão.
Ainda que devesse passar pelo vale da sombra da morte
Não temo mal algum: Tu vais comigo!
Teu bastão e Teu cajado me dão segurança.

Na minha frente preparas a mesa
Sob o olhar de meus inimigos.
Unges minha cabeça com perfume
E minha taça transborda.

Sim, bondade e fidelidade me escoltam
Todos os dias de minha vida
E habitarei na casa do Senhor
Por todo tempo em que viver.

Sumário

Introdução 11

PRIMEIRA PARTE: *Rezar a partir da contradição* 13

Oração: o respiro da alma 15

Os salmos: a nossa radiografia espiritual 20

Salmo 23: o Senhor é meu pastor e hospedeiro 27

SEGUNDA PARTE: *O canto do pastor* 41

O Senhor é meu pastor 43

Nada me falta 52

Em verdes pastagens me faz repousar 60

Conduz-me até fontes repousantes 69

E repara minhas forças 74

Guia-me por caminhos seguros 80

Como pede Sua missão 89

Ainda que devesse passar pelo vale da sombra da morte 93

Não temo mal algum: Tu estás comigo 99

Teu bastão e Teu cajado me dão segurança 105

TERCEIRA PARTE: *O canto do hospedeiro* 115

Na minha frente preparas a mesa 117

Unges minha cabeça com perfume 124

E minha taça transborda 129

Bondade e fidelidade me escoltam todos os dias 133

Habitarei na Casa do Senhor 137

Conclusão 144

Bibliografia 147

Introdução

Há muito medo hoje no mundo. Medo de doença, de sofrimento, de abandono e de solidão. Medo na madrugada, esperando o filho e a filha que saíram e não voltam.

Ameaças graves pesam sobre nós. Há seqüestros e assaltos nas ruas e nas casas. Muitos são torturados e depois mortos. Outros são mortos friamente.

Há medo de guerras, seja para enfrentar o terrorismo internacional, seja por disputas de poder entre nações que dispõem de armas de destruição em massa. A máquina de morte já construída é tão devastadora que pode colocar em risco o futuro da espécie humana e ferir gravemente a biosfera. Temos, pois, razões objetivas para temer.

Há medo de algum cataclismo da natureza, provocado pelos desequilíbrios produzidos pelos seres humanos. Há sinais que indicam o desastre em curso, como o aumento da temperatura do planeta, a crescente poluição do ar e a contaminação acelerada das águas e dos solos. Quem poderá impedir que um eventual meteoro caia sobre a Terra, semelhante àquele que dizimou os dinossauros há 65 milhões de anos?

Há medo generalizado de que os bilhões de famintos e excluídos não aceitem mais passivamente o veredicto de morte que pesa sobre eles. Quem nos garante que não venham forçar a criação rápida de uma outra ordem mundial que inclua a todos e garanta a eles, filhos e filhas da Terra, o sustento necessário e decente? Há medo de doenças incuráveis, de epidemias mundiais e do aparecimento de bactérias poderosas que podem exterminar milhões e milhões de pessoas.

Há infindáveis outros medos, como o de perder o posto de trabalho, de perder o nível de salário, de perder a casa nas inundações ou deslizamentos, de perder a pessoa amada, de perder a benevolência divina e a vida eterna. De que mais não temos medo?

O medo revela a condição humana, feita de medos e esperanças, de desamparo e busca de conforto. Nós nos damos conta de que não somos senhores de nós mesmos, de nossa vida com seu rumo e com seu futuro. Estamos à mercê de forças e conjunturas que não controlamos.

O medo esvazia a alegria de viver, tolhe a liberdade e obscurece o futuro. Quem nos libertará deste pesadelo? Não serão exercícios de relaxamento, nem estratégias de autocontrole, nem coquetéis poderosos de calmantes que nos libertarão da espada que aponta sobre nossas cabeças.

Quem sabe um caminho espiritual nos leve a transcender esse contexto e nos abra a perspectiva da proteção divina? Talvez por aqui se anuncie um caminho libertador.

De todas as formas, somos convocados a confiar em um Maior, que é bom, somente bom, infinitamente bom. Ele nos conhece pelo nome, sabe os segredos do nosso coração e é senhor do destino de nossa vida.

É nesse contexto contraditório de medo e de confiança que se fazem ouvir as palavras, cantadas há mais de três mil anos, por um poeta e rei, o salmista Davi. O salmo 23 de sua autoria ainda hoje nos conforta: "O Senhor é meu pastor; eu estou contigo, sou teu hospedeiro e te convido a habitar comigo em minha Casa."

A recitação meditada desse salmo seguramente não nos tirará totalmente o medo, mas nos dará forças para enfrentá-lo, alimentará nossa capacidade de confiança e nos devolverá a serenidade necessária para continuarmos nossa aventura pessoal e coletiva neste pequeno planeta, a única Casa Comum que temos para habitar. Deus se dignou fazer desta casa a sua Casa e de nós, seus hóspedes e comensais.

Se Deus está conosco, temos tudo e "nada nos falta". Eis o consolo divino para o desamparo humano.

PRIMEIRA PARTE

Rezar a partir da contradição

Oração: o respiro da alma

Grande parte da humanidade encontra na religião alimento para sua vida. Efetivamente, a oração é a alma e a respiração de toda religião. Em todo momento, da vasta extensão da Terra, partem súplicas, lamentos, ações de graça e louvações ao coração de Deus. Pois a oração é isso. Muitas vezes acompanhada de gestos, de mãos que se erguem, de joelhos que se dobram, de corpos que se prostram no chão. Quase sempre é falada ou cantada. Mas, não raro, é silenciosa e recolhida no fundo do coração.

Da oração se deriva consolo no desamparo, jovialidade de espírito nas perturbações e entrega serena às tarefas cotidianas. A humanidade orante sai da oração mais leve e livre, mais fortalecida em sua vontade de viver e mais aberta ao Absoluto que relativiza os dramas existenciais e torna pequeno até o imenso universo.

Na oração todas as religiões se encontram. Pois, ao se colocarem diante de Deus, mistério que nenhuma linguagem pode expressar, todas esquecem suas diferenças e se descobrem a caminho.

Além disso, a oração ilumina o drama que estigmatiza nossa existência. Como seres de liberdade e devorados pelo fogo do espírito, procuramos sempre romper os limites angustiantes de nossa condição humana. Queremos permanentemente ultrapassar barreiras e estar além de qualquer horizonte, porque nos sentimos um projeto infinito embora encurralado no finito. Custa-nos aceitar o limite extremo, a morte, porque, apesar de todas as contradições, é tão bom viver.

A fantasia é um meio a que recorremos para tornar suportável o peso dessas contradições. Por ela, projetamos um mundo dourado onde se espera que a luz triunfe sobre as trevas e a vida se mostre mais forte que a morte.

Mas é a oração que nos permite o vôo de águia, que nos leva para além de todos os limites. Ela representa a janela que abrimos de dentro dos muros de nossa situação concreta para falarmos diretamente com o Autor do universo e o Senhor de todos os destinos. Ela nos coloca diante de um Tu que nos ama, nos escuta e nos responde. Queremos, do fundo do coração, que Ele nos sussurre: "Estou contigo, tu és meu filho querido, minha filha bem-amada."

Para poder ouvir essa palavra de consolo, voltamos sempre à oração. De fato, sem ela faltaria alimento em nosso farnel. Não caminharíamos confiantes pela vida afora rumo à Fonte que sacia nossa busca de sentido.

Oração e condição humana

A oração não se encontra apenas consignada nos livros sagrados e nas grandes tradições religiosas e espirituais. Antes de estar lá, estava na vida das pessoas que se abriram para Deus. Por isso, ela irrompe de dentro de nossa condição humana. É esta condição humana que dá forma e conteúdo à oração em suas múltiplas expressões. Detalhemos rapidamente a condição humana.

Somos seres do *grito*. Há momentos em que sentimos nossa profunda pequenês, desamparados em nossa fragilidade e impotência. O coração se aperta, a voz se afoga na garganta, a amargura invade a boca, as mãos se erguem impetrantes e lágrimas suplicantes ou desesperadas escorrem de nossos olhos.

Há outros momentos em que nos sentimos impotentes em face da depredação da Casa Comum, a Terra, da agressão aos ecossistemas, da exclusão dos filhos e filhas da Grande Mãe, que precisam minimamente comer, beber, morar e se comunicar. Não corremos o risco de ir ao encontro de um suicídio coletivo por causa de nossa voracidade e falta de cuidado? Em momentos assim gritamos: "Senhor, socorra-nos, venha em nosso auxílio, salve a Tua criação criada para ser um paraíso terrenal."

Desta condição existencial do grito nasce a oração de súplica e brotam de nossos lábios os pedidos para nossas carências.

Somos seres de *indignação*. Há momentos em que nos lamentamos, pois a vida é excessivamente dura. Há demasiado sofrimento na humanidade. Sangue demais em nossos caminhos. Choramos sobre a nossa miséria e a dos outros. Indignamo-nos contra a perversidade e a crueldade de tantas pessoas que seviciam inocentes, exploram os pobres e, corruptos, roubam o bem público. E emudecemos de raiva ou meneamos a cabeça, revoltados com a impunidade e o riso dos cínicos que se sentem inalcansáveis pela justiça dos homens. E, arrogantes, põem em risco o planeta e toda a biosfera com armas de destruição em massa.

Desta indignação nascem orações de lamentação, de desejo de reparação rigorosa e de clamor pela justiça social e ecológica.

Somos seres de *desejo* que buscam sua realização. Há momentos em que descobrimos a plenitude da vida, pois nos sentimos amados e amamos. A muito custo conseguimos realizar objetivos, sempre buscados e trabalhados. Uma serena alegria toma conta de nosso coração, fruto maduro de vitórias sobre tantos obstáculos, depois de travessias perigosas e de esperas angustiantes.

Dessa condição de desejo por plenitude irrompe a oração de ação de graças e de exaltação pela bondade superabundante de Deus. E nosso coração se expande, pois nos sentimos filhos e filhas da alegria.

Somos seres de *reverência*. Há momentos em que nos enchemos de respeito e de fascínio diante da grandeza do universo, da majestade de um céu estrelado, da suavidade das águas de um lago, do furor dos ventos uivantes e da misteriosidade do coração humano.

Da atitude de *reverência* nasce a oração qual poema lírico, que canta a grandiosidade da criação, os mistérios insondáveis da vida, as glórias de nosso povo e as conquistas surpreendentes que alcançamos.

Somos seres de *doação*. Há momentos em que nos entregamos serenamente a um Maior. Sentimos que andamos na palma de Sua mão. Tudo que vier vem do coração do Pai e Mãe amorosos. Doença e morte não nos separam de sua intimidade. Tudo é caminho que leva ao seu seio amoroso.

Desta condição humana nasce a oração de confiança, de entrega total, de resignação ativa, como o salmo 23 tão bem ilustra.

Inteiros diante de Deus

A condição humana representa, pois, a coexistência de contradições. Somos a unidade dos contrários. Podemos ser Cristo e ao mesmo tempo Adão. Sempre comparecemos, simultaneamente, como sapientes e dementes, confiantes e desesperados, generosos e egoístas. E assim como somos, nos colocamos diante de Deus. A oração expressa esses altos e baixos, os abismos e as culminâncias que estão em nós.

Por isso, voltamos a enfatizar, a oração brota da essência de nosso ser. Pela oração gritamos, nos lamentamos, agradecemos, reverenciamos e nos entregamos totalmente Àquele que conhece o pó de que somos feitos, sonda carinhosamente os arcanos de nosso coração e só Ele sabe o rumo e o sentido de nossos caminhos.

A oração nos coloca inteiros diante de Deus, em nossa dimensão pessoal e cósmica, com nossas dilacerações e nossas excelências. E saímos da oração mais integrados, fortalecidos em nosso ser e em nossa missão de guardiães de toda a Criação e assim, mais confiantes, caminhamos rumo ao coração de Deus.

Sinto em mim um grande vazio
Tão grande, do tamanho de Deus.
Nem o Amazonas que é dos rios o rio
Pode enchê-lo com os afluentes seus.

Tento, intento e de novo tento
Sanar esta chaga que mata.
Quem pode, qual é o portento
Que estanca esta veia ou a ata?

Pode o finito conter o Infinito
Sem ficar louco ou adoecer?
Não pode. Por isso eu grito

Contra esse morrer sem morrer.
Implode o Infinito no finito!
O vazio é Deus no meu ser!

Os salmos: a nossa radiografia espiritual

Os salmos constituem uma das formas mais altas de oração que a humanidade produziu. Milhões e milhões de pessoas, judeus, cristãos e religiosos de todas as tradições, dia a dia, recitam e cantam salmos. Nas sinagogas, nas famílias judias e cristãs, nas igrejas e templos, nos mosteiros de religiosos e religiosas, especialmente da Igreja Católica, se recitam ou cantam diariamente salmos.

O breviário ou "ofício das horas" que os religiosos, religiosas e padres devem rezar todos os dias, seja individualmente, seja em comunidade, é composto fundamentalmente de salmos. Ao longo de um pouco mais de uma semana se recitam todos os cento e cinqüenta salmos.

O que são os salmos

A palavra salmos vem do grego *psalmói,* que significa canções para instrumentos de cordas. A coleção dessas canções se chama saltério. Em hebraico, língua original dos salmos, se diz *sefer tehillim,* que quer dizer simplesmente "livro de cânticos". À semelhança dos cinco livros da Torá (Lei), também os salmos são distribuídos em cinco livros, os números 1-41, 42-72, 73-89, 90-106 e 107-150.

Quem são seus *autores?* As indicações no começo dos salmos (epígrafe) atribuem 73 salmos ao rei Davi, 12 a Asaf, 11 aos filhos de Coré, 2 a Salomão, 1 a Moisés, 1 a Hemã e 1 a Etã. Os outros são anônimos.

Na verdade, não sabemos exatamente quem são os autores dos salmos. Seguramente muitos são de Davi (século X a.C). Mas nem todos, pois alguns atribuídos a ele revelam situações ou anteriores à sua vida ou posteriores à sua morte, como o exílio babilônico.

Chamado por Dante Alighieri na *Divina comédia* de "o cantor do Espírito Santo" (Paraíso XX, 38) ou de "sumo cantor do sumo chefe" (Paraíso XXV, 72), Davi é considerado, por excelência, o protótipo do salmista. Foi pastor, guerreiro, profeta, poeta, músico, rei e pessoa profundamente religiosa. Conquistou o monte Sion dentro de Jerusalém e lá, ao redor da Arca da Aliança, organizou o culto e introduziu os salmos.

Por todos esses títulos, Davi tornou-se uma figura central no imaginário bíblico judeu e cristão. Para os cristãos é um dos antepassados de Jesus de Nazaré, o Cristo. Quando se diz "salmo de Davi" nem sempre se pensa em Davi como autor. Na maioria das vezes significa: "salmo feito no estilo de Davi" ou "salmo em homenagem ao rei Davi". Seja como for, pela beleza de sua poesia e por sua elevação mística, ele bem merece ser considerado o pai espiritual dos salmistas.

Quando surgiram os salmos? Também não sabemos exatamente. Surgiram no arco de quase mil anos, a começar pelos antigos hinos cananeus, do século XII a.C., modificados e transformados em orações judaicas, até a época dos macabeus no século II a.C. Muitos salmos circulavam oralmente no meio do povo e nos diversos locais de culto. A partir de certa época foram recompilados em cadernos segundo os temas. Assim, em muitos deles se percebem as ressonâncias das várias reformas cúltico-religiosas feitas em Israel depois da primeira de Davi, como a de Ezequias, de Josias, de Esdras e Neemias (depois do exílio babilônico) e por fim dos macabeus. Deixam entrever as muitas concepções de Deus nas diferentes épocas, algumas de difícil assimilação por nós, como aquelas que expressam desejo de vingança e proclamam o juízo implacável e a ira incontida de Javé.

O saltério é um *microcosmo* histórico, semelhante a uma catedral da Idade Média, construída durante séculos por gerações e gerações, por milhares de mãos, e incorporando as mudanças de estilo arquitetônico das várias épocas. Mas, quando se consolidou a monarquia sob Davi e se construiu o templo em Jerusalém sob o rei Salomão, fez-se a primeira grande compilação dos salmos. Prosseguiu no exílio e pós-exílio babilônico (século VI-V a.C.) até se concluir no século III-II a.C., quando também se acabaram de redigir os 46 livros do Primeiro Testamento.

A voz da esposa que fala ao esposo

Os salmos testemunham a profunda convicção de que Deus, não obstante habitar numa luz inacessível e acima dos céus, está em nosso meio, morando como numa tenda (*shekinah*). Podemos chegar a Ele em súplicas, louvores e ações de graças. Deus está pronto a escutar seus filhos e filhas.

O lugar privilegiado e denso de Sua presença é o Templo, onde se cantam os salmos. Mas Sua presença não pode ser limitada a esse lugar. Pois Deus, como Criador do céu e da Terra, e mistério que penetra todas as coisas, é onipresente. Está igualmente em todos os lugares, embora nenhum possa contê-lo. Por que, então, sua presença foi concentrada no Templo?

O rei Salomão, o primeiro a construir um templo digno da fé do povo, em Jerusalém, tem consciência dessa questão. Confessa diretamente: "Pode Deus, realmente, morar com os homens sobre a Terra? Eis que o céu e o mais alto dos céus não Te podem conter, ó Senhor Deus de Israel, quanto menos esta Casa, que acabo de construir. Mas, apesar disso, sê atento à oração e à prece de Teu servo. Presta ouvidos ao clamor e à oração que Teu servo hoje Te dirige na Tua presença. Teus olhos estejam abertos sobre este Templo, noite e dia, sobre o lugar onde, segundo a Tua Palavra, está o Teu nome, de sorte a escutares a oração que Teu servo está fazendo" (1 Rs, 8, 27-29).

Deus mora no meio do seu povo e habita o Templo porque ama seus filhos e filhas. E, porque os ama, quando eles gritam em seus sofrimentos ou quando expandem seu coração de alegria, Ele os escuta e vem estar junto deles. Deus é mistério. Não podemos banalizar Seu nome. Antes, nos enchemos de seriedade e reverência. Mas não é um mistério tenebroso. É um mistério de ternura e de acolhida, simbolizado como seio materno, sempre acolhedor, até do filho mais desgarrado.

Com razão, se orgulhavam os judeus dizendo: "Ninguém tem um Deus tão próximo como nós!" Próximo de cada um e no meio de seu povo escolhido. Os salmos revelam a consciência dessa proximidade divina. Por isso há neles intimidade pessoal sem cair no intimismo individualista. Há oração coletiva, sem destituir a experiência pessoal. Uma dimensão reforça a outra, pois cada uma é verdadeira: não há pessoa sem o povo no qual está inserida e não há povo sem pessoas conscientes e livres que o formam.

Ao rezar os salmos, encontramos neles a nossa radiografia espiritual, pessoal e coletiva. Neles identificamos nossos estados de ânimo: desespero e alegria, medo e confiança, luto e dança, vontade de vingança e desejo de perdão, interioridade e fascinação pela grandeza do céu estrelado. Bem o expressou o reformador João Calvino (1509-1564) no prefácio de seu grandioso comentário aos salmos:

"Costumo definir este livro como uma anatomia de todas as partes da alma, porque não há sentimento no ser humano que não esteja aí representado como num espelho. Diria que o Espírito Santo colocou ali, ao vivo, todas as dores, todas as tristezas, todos os temores, todas as dúvidas, todas as esperanças, todas as preocupações, todas as perplexidades até as emoções mais confusas que agitam habitualmente o espírito humano."

Pelo fato de revelarem nossa autobiografia espiritual, os salmos representam a palavra do ser humano a Deus e, ao mesmo tempo, a palavra de Deus ao ser humano. Como diriam os bispos reunidos no Concílio Vaticano II, em Roma, em 1963: "É a voz da Esposa (comunidade orante) que fala com o esposo." Ou na expressão inigualável de Santo Agostinho numa de suas cartas sobre os salmos: "Rezas os salmos? És tu que falas ao Esposo. Lês os salmos? É Ele, o Esposo, que te fala" (Epístola 22, 25).

O livro da consolação

O saltério serviu sempre como livro de consolação e fonte secreta de sentido, especialmente quando irrompe na humanidade o desamparo, a perseguição, a injustiça e a ameaça de morte.

Um judeu, cercado de filhos, era empurrado para as câmaras de gás em Auschwitz. Ele sabia que caminhava para o extermínio. Mesmo assim, ia balbuciando o salmo 23: "O Senhor é meu pastor... Ainda que eu ande pela sombra do vale da morte, nenhum mal temerei, porque Tu estás comigo." A morte não rompe a comunhão com Deus. É passagem, mesmo dolorosa, para o grande encontro.

O grande filósofo e teólogo judeu Martin Buber reuniu em livro os contos dos *chassidim,* aqueles judeus muito fervorosos que criaram na Ucrânia e na Polônia, a partir de 1735, um movimento espiritual com base na experiência íntima com Deus. Em seu livro *Contos dos chassidim* (1949) conta a seguinte história do rabino Levi Jizchak von Berditschew, que revela a importância dos salmos na vida das pessoas:

"Era véspera do dia do Grande Perdão. O rabino ia subir ao púlpito para fazer a oração quando percebeu num canto da sinagoga alguém sentado no chão e em prantos. Foi a ele e lhe perguntou por que chorava. 'Como não iria chorar, rabino? Até recentemente, tudo corria muito bem comigo e agora estou na maior miséria. Rabino, eu vivia numa aldeia e nenhum faminto saiu de minha casa sem ser saciado. Minha mulher saía à rua para cuidar dos peregrinos pobres. E agora veio Ele' – e apontava com o dedo para o céu – 'e me tomou a mulher, de um dia para o outro. E, como se isso não bastasse, Ele me queimou a casa. Fiquei sozinho com seis filhos pequenos, sem mulher e sem casa. Eu tinha um grosso livro de orações, os salmos, com tudo bem ordenado dentro, que me facilitava o seu uso – tão antigos e tão lindos eram eles que eu nunca precisei de outros. Pois até isso me tirou. Diga o senhor mesmo, rabino, eu ainda posso perdoar Aquele que está lá em cima?' O rabino, sem dizer palavra, saiu e foi procurar um livro semelhante ao que o homem descrevera. Encontrou um e entregou-o, perguntando: 'Era igual a este?' O homem começou a folhear página por página, e à medida que as percorria, ficava cada vez mais contente. Era um saltério igual ao que fora queimado. Então o rabino lhe perguntou: 'Você perdoa Ele agora?' O homem abraçou o livro: 'Sim, agora perdôo.'

O rabino subiu ao púlpito e começou a cantar. O homem se juntou ao canto, consolado, porque ganhara o livro dos salmos. Sabia que neles encontraria forças para continuar a vida, mesmo sem esposa e sem casa."

A lição desta história é tão clara que dispensa qualquer comentário.

Os salmos: habitamos poeticamente o mundo

Por fim, os salmos são poesias religiosas e místicas da mais alta expressão. Como toda poesia, recriam a realidade com metáforas e imagens tiradas do imaginário. Este obedece a uma lógica própria, diferente da lógica da racionalidade. Pelo imaginário, transfiguramos situações e fatos detectando neles sentidos ocultos e mensagens divinas. Por isso dizemos que não só habitamos prosaicamente o mundo, colhendo o sentido manifesto do desenrolar rotineiro dos acontecimentos. Habitamos também poeticamente o mundo, vendo o outro lado das coisas e um outro mundo dentro do mundo de beleza e encantamento.

Os salmos nos ensinam a habitar poeticamente a realidade. Então ela se transmuta num grande sacramento de Deus, cheia de sabedoria, de admoestações e de lições que tornam mais seguro nosso peregrinar rumo à Fonte. Como bem diz o salmista: "Quando caminho entre perigos, Tu me conservas a vida... e irás até o fim em meu favor" (Sl 138, 7-8).

Sinto saudades de Deus!
De ser consumido por Ele,
De ser um com Ele, um!

Mas quem és Tu?
Preciso morrer para ver-Te?
Para fundir-me em Ti?

Deus, olha para baixo!
Pois estou cansado de olhar para cima.
Olha! Vem, meu Pai, minha Mãe, vem! Vem.

Salmo 23: O Senhor é meu pastor e hospedeiro

O salmo 23, "O Senhor é meu pastor: nada me falta" é o mais conhecido de todo o saltério. Foi o mais comentado na tradição e o mais assimilado na piedade popular. E há boas razões para isso. Pois trata-se de um salmo que une simplicidade com enlevo lírico e espiritual de forma extremamente bem-sucedida. Tudo nele é transparente e comovedor.

O fascínio pelo salmo

A transparência e a comoção que ele desperta fizeram com que, em todos os tempos, o salmo 23 ganhasse admiradores e devotos. Foi e é rezado por pessoas de todas as tradições religiosas e por aqueles que, mesmo sem adesão a um credo, alimentam uma dimensão espiritual em suas vidas.

Assim, por exemplo, o conhecido filósofo francês Henri Bergson (1859-1941) deu este insuspeitado testemunho: "Das centenas de livros que li nenhum me trouxe tanta luz e conforto quanto esses poucos versos do salmo 23: 'O Senhor é meu pastor: nada me falta... ainda que ande por um vale tenebroso, não temo mal algum, porque Tu estás comigo'" (Ravasi, 427).

Julien Green (1900-1976), notável escritor francês, convertido ao catolicismo, foi durante toda a vida fascinado por este salmo. Em seu romance de 1963, *Partir avant le jour*, confessa: "Estas frases assim tão simples se fixaram em minha memória sem nenhuma dificuldade. Via o pastor, via o vale tenebroso, via a mesa posta. Era o evangelho em miniatura. Quantas vezes, nas horas de angústia, me recordei do cajado reconfortante que evita o perigo. Todos os dias recitava este pequeno poema profético cujas riquezas nunca se exaurem" (p. 64).

C. Ryan, em seu livro *Le jour le plus long,* conta que em 6 de julho de 1944, por ocasião da invasão das tropas aliadas à Normandia, um soldado canadense recitava em voz alta o salmo 23, misturando sua voz à das bombas que caíam por todos os lados, e assim acalmava a tropa amedrontada (p. 92).

Por causa dessa energia promotora de confiança e de consolo, muitas igrejas recitam esse salmo no ritual das exéquias. Mesmo na morte, o ser humano não será abandonado, pois sobre ele se faz ouvir a eterna mensagem: "Eu estou contigo", na vida e para além da morte. O salmo desanuvia o drama da morte com esta palavra de consolação: "Ainda que passe pelo vale da morte, nenhum mal temerei, porque Tu estás comigo" (versão litúrgica da Igreja Católica). Essa serena confiança é bem expressa na música de Liszt, de 1859, que leva simplesmente o título: *O Senhor é meu pastor.*

Vamos aqui analisar o salmo como um todo e cada um de seus versos, tentando extrair o ouro escondido nessa mina tão antiga e tão contemporânea. Para isso nos servem os tantos estudos feitos ao longo do tempo, aos quais, em sua grande maioria, tivemos acesso. Mas não queremos fazer obra de erudição exegética como quem disseca uma flor. A natureza poética do salmo pede que desenvolvamos em nós o mesmo tipo de sentimentos.

O conhecimento do contexto concreto do salmo, referente à vida pastoril e aos hábitos da hospitalidade hebraica, bem como a identificação do sistema simbólico aí presente, alcançados pelos estudos exegéticos, visam afinar melhor nossa lira interior para que ela ressoe em uníssono com a do poeta salmista. Só então captaremos a fecundidade escondida naqueles versos e experimentaremos o bálsamo que se derrama de todo o salmo, tonificando nossa entrega ao bom Pastor.

Drama subjacente: temor e confiança

As imagens do pastor, das verdes pastagens, das fontes tranqüilas, dos caminhos seguros, da mesa posta, do óleo perfumado, da taça transbordante transmitem a impressão de um suave idílio lírico-romântico. Mas esta é apenas uma face da realidade complexa. Há o outro lado, o drama que acompanha a vida humana.

Como refletimos anteriormente, os salmos emergem da vida com suas contradições, com suas luzes e com suas sombras. O salmo 23, por estar enraizado na vida real, não escapa desta mesma dialética.

Ele tem como pano de fundo um drama: há o vale tenebroso, vale da morte, há inimigos, há perseguição. É no contexto desta situação que Deus comparece como pastor e como hospedeiro. Ele nos assegura: "Eu estou contigo", "nada te falta" e "habitarás na Casa do Senhor todos os dias de tua vida". Porque há temor, medo e perseguição, experimenta-se a proximidade de Deus, como pastor e como hospedeiro que prontamente nos socorre e reanima nossas forças.

A excelência do salmo reside exatamente na aceitação dessa realidade contraditória e na luz que projeta sobre ela. O salmo assegura: Deus toma partido. Ele está de um lado da contradição, do lado de quem teme e é perseguido. Por isso podemos serenar e ficar confiantes.

Salmo de Davi?

Quem é o autor deste salmo? A epígrafe atribui a Davi. Os estudiosos se dividem. Alguns afirmam a autoria davídica, outros a colocam em dúvida e apresentam alternativas.

Alguns autores argumentam que seu autor seria alguém ligado ao Templo, talvez um levita piedoso que superou dificuldades para se garantir no serviço de Javé.

Outros aventam a hipótese de tratar-se de uma expressão geral da fé do povo que se encontrava no cativeiro babilônico (586-538 a.C.). Ele espera ansioso a volta às pastagens verdejantes (à pátria), onde viverá em repouso e paz, na hospitalidade de Deus e na cercania da Casa do Senhor.

Outros imaginam que o salmo teria sido escrito por um peregrino que foi ao Templo, ofereceu aí seu sacrifício e antes de partir agradeceu a Deus, implorando proteção contra os perigos do caminho.

Outros ainda pensam tratar-se de um perseguido e condenado injustamente (vale tenebroso) que no tribunal do Templo é declarado inocente diante de seus inimigos. Agradecido, compôs esse hino de ação de graças. Ao ir embora, promete voltar à casa de Javé periodicamente pelo tempo em que viver.

Mas os argumentos das várias hipóteses não são convincentes. Todos eles cobram demasiadamente do texto. Devemos respeitar a singeleza do poema, a espontaneidade da experiência de Deus, qualidades próprias de um espírito poético e cheio de unção. Este espírito encontramos exemplarmente em Davi (século X a.C.). Ele é o mais seguro autor do salmo, confirmando a epígrafe.

Há bons indícios: Davi foi perseguido por Saul; como rei, organizou o culto no Templo; era poeta, músico, cantador e extremamente piedoso. Com razão, transformou-se numa das figuras mais queridas e populares da fé judaica, protótipo do Messias futuro.

Consoante o primeiro livro de Samuel, Davi, "o loiro, de belos olhos e de aparência vistosa" (1 Sm 16, 12), era portador de uma estrela feliz, pois, "onde quer que tivesse de ir, saía-se bem" (1 Sm 18, 14). Inicialmente foi pastor pobre em Belém. Mas, valente e ousado, enfrentava e matava a pauladas ursos e leões (1 Sm 17, 34-35). Foi menestrel do rei Saul, tocando maravilhosamente a cítara e, em seguida, guerreiro corajoso e astuto, matou com sua funda o gigante Golias (1 Sm 17, 48-51). Por inveja, perseguido pelo rei Saul, fez-se líder de "miseráveis, devedores insolventes e de toda sorte de revoltados e descontentes" (1 Sm 22, 2). Por fim, foi sagrado rei de Judá e de Israel (2 Sm 2). Conquistou Jerusalém e o monte Sion, para onde transportou a Arca da Aliança (2 Sm 6). Com guerras bem-sucedidas, alargou as fronteiras de Israel, fundando um reino de vastos territórios. Organizou o culto no templo, mostrando-se ele mesmo grande poeta e cantador ("cantor mavioso de Israel": 2 Sm 23, 1), tocando a cítara e dançando diante da Arca.

Mas revelou também o lado contraditório da vida. Deixou-se seduzir pelo fascínio de uma mulher. Cometeu adultério com a bela Betsabéia, deixando de propósito que seu esposo Urias fosse massacrado numa batalha contra os amonitas. Pôde então tomá-la tranqüilamente como esposa (2 Sm 11). Grande ilusão, pois foi denunciado publicamente pelo profeta Natã. Caiu em si e arrependeu-se, compondo o famoso salmo 51, chamado *Miserere*: "Tem piedade de mim, ó Deus, por tua bondade e por tua grande compaixão, apaga meus pecados... Contra ti, só contra ti pequei" (v. 3.6). Fez imediatamente penitência e se reconciliou com Deus e com sua consciência (2 Sm 12). Por quarenta anos foi rei, primeiro em Hebron e por fim em Israel.

Todas essas características permitiram sua idealização como homem piedoso, rei justo, contrito e santo, o que foi feito sistematicamente pelo livro das Crônicas. Mesmo sendo rei, foi visto como o protótipo dos pobres de Deus, por sua origem de pastor pobre em Belém ("sou homem pobre e de baixa condição": 1 Sm 18, 23). Os pobres de Deus *(anawim)* viviam em torno do Templo, pedindo esmolas e rezando. Projetavam na figura de Davi, visto como antecipador do Messias futuro, a esperança de libertação de sua condição miserável.

A experiência de pastor e depois de rei (o rei era considerado por todo o Primeiro Testamento como "pastor"), os riscos que correu em tantas situações, a notória intimidade com Deus e a sua capacidade poética mostrada em seus salmos serviram de húmus para a composição genial do salmo 23.

Trata-se de um salmo de confiança e de ação de graças no qual prevalece a experiência pessoal de entrega serena a Deus, como pastor e hospedeiro.

Dois símbolos poderosos: pastor e hospedeiro

Há dois núcleos simbólicos que estruturam todo o salmo 23, dividindo-o em duas partes (versos 1-4 e 5-6): o símbolo do pastor e o do hospedeiro. Cada um desses símbolos-eixo atrai outros símbolos menores.

Assim, ao redor do símbolo *pastor*, estão as figuras das verdes pastagens, das fontes tranqüilas, das sendas seguras, do bordão, do cajado e do vale tenebroso.

Ao redor do símbolo *hospedeiro* se estruturam as figuras da mesa posta, da unção da cabeça com óleo perfumado, da taça transbordante e da casa do Senhor.

Para entender bem esse salmo, precisamos articular os dois símbolos-eixo, pois ambos visam atingir o mesmo efeito: conferir segurança e proteção, como quem está sob a guarda e a condução de um pastor e, na perseguição, ser salvo e acolhido por um hospedeiro generoso. Em ambas as situações, o fiel experimenta: "Tu estás comigo", "nada me falta" e "habitarás na casa do Senhor pelo tempo que tiveres de vida".

Para captar esse efeito libertador, nada melhor do que tentar refazer a experiência do autor do salmo e representá-la plasticamente para nós mesmos. Só compreendemos bem um texto quando identificamos a experiência que se esconde nele e lhe deu origem. Este método nos é sugerido pela própria Bíblia. Carlos Mesters, um dos nossos mais criativos e queridos exegetas, escreveu acertadamente:

"A poesia do povo hebreu é como uma seta da estrada. Coloca-nos no rumo da descoberta a ser feita... O seu método consiste não tanto em fazer saber, mas em fazer descobrir. O poeta hebreu quer ajudar a ter a experiência que ele mesmo teve. Assim, no momento em que conseguirmos encontrar ou recriar em nós esta mesma experiência, teremos encontrado a fonte de onde o autor bebeu e a luz que o iluminou. Como diz o cantor Milton Nascimento: 'Certas canções que eu ouço/ cabem tão dentro de mim/ que perguntar carece/ como não fui eu que fiz?'" (Mesters, p. 27.)

Tentemos, pois, refazer essa experiência para penetrar no espírito do salmista que lhe permitiu experimentar Deus como pastor e hospedeiro e assim podermos também nós fazermos experiência semelhante.

O simbolismo do pastor

Quem hoje conhece os lugares bíblicos na Palestina e em Israel pode fazer uma idéia do significado do pastor e da migração periódica dos rebanhos, chamada de transumância.

Tive uma experiência pessoal quando em 1976 visitei pela primeira vez os lugares sagrados. Fui de Jerusalém à cidade de Jericó, situada no coração de um oásis. Atravessa-se o deserto. Vegetação escassa ou nenhuma. Calcários e montanhas de pedras. Vêem-se pastores perambulando com seus pequenos rebanhos. Perplexos, nos perguntamos: o que comeriam essas pobres ovelhas?

O céu é profundo, o sol, calcinante, e o calor, estafante. Eis senão quando irrompe o verde. É um oásis, ilha de árvores majestosas, profusão de vida em todas as suas formas, muitas frutas e cereais. E, no meio, uma fonte perene e borbulhante. Água escorre por todos os lados. Todos tomam água diretamente das várias mangueiras de borracha. Mais ainda, deixam-se molhar pelo corpo todo com o líquido vivificante e benfazejo. A água é vida, é alegria, é expansão do coração: eis a experiência imediata e espontânea.

Essa experiência nos serve de base para entendermos o símbolo-eixo do pastor e dos subsímbolos correlatos.

Antigamente, como hoje, havia beduínos seminômades que circulavam pela estepe do deserto com seus rebanhos à procura de pastagens.

Há duas transumâncias: a da primavera com pastagens verdejantes por causa da umidade abundante, depois do inverno severo, e a do verão. O verdor desaparece e reina seca rigorosa. Os pastores se aproximam das vilas com população sedentária. Pedem licença para aproveitar o que restou da colheita de cereais e legumes para alimentar as ovelhas.

O salmo tem como referência a transmigração da primavera. Estamos em pleno deserto. O pastor é tudo para as ovelhas. É guia, companheiro de destino, segurança e proteção.

É *guia:* conhece como a palma da mão os caminhos, quais são seguros, quais perigosos. Sabe as distâncias até um oásis ou uma fonte, e o tempo necessário para chegar lá. É *companheiro de destino:* passa as mesmas necessidades das ovelhas – fome, sede, canícula abrasadora, perigos de assaltos. Para defendê-las, à diferença do mercenário, o pastor põe sua vida em risco (cf. Jo 10, 15).

Transmite *segurança* e *proteção* porque faz jus ao título de pastor (por amor ao seu nome): cuida das ovelhas, das prenhes que caminham mais devagar, das doentes que se retardam, dos filhotes que podem se extraviar, daquelas que se desviam e ele com seu bastão reconduz ao rebanho. Pode passar por um vale sombrio e perigoso *(wadi)*, como existem muitos no deserto da Judéia, com pedras resvaladias que podem precipitar no abismo. É, quem sabe, o único atalho que encurta o caminho rumo a uma fonte ou um oásis. As ovelhas podem não ver o pastor. Ele, então, com seu cajado, dá toques ritmados nas pedras. Transmite confiança e segurança, como quem diz: "Estou contigo." As ovelhas sob o cuidado caloroso do pastor têm a sensação de que "nada lhes falta".

Finalmente chegam ao oásis verdejante. Há águas abundantes que tranqüilizam. As ovelhas bebem sofregamente.

Estendem-se na grama macia. Recobram as forças gastas na caminhada.

Este é o cenário plástico que subjaz aos versos 1-4 do salmo 23. Há coerência nos símbolos. A imagem que resulta produz confiança, segurança e sentimento de gratidão. Ora, tudo isso é símbolo daquilo que ocorre entre Deus e o fiel que, nas tribulações da vida, se abre a Ele. Nós nos sentimos ovelhas perambulando no deserto da vida, e experimentamos a Deus como pastor solícito e benigno. Esta experiência traz paz para o coração o sentimento de estar sendo cuidado em todas as situações da vida.

O símbolo do hospedeiro

Experiência similar à do pastor é aquela do hospedeiro. A hospitalidade é uma virtude central em todo o Oriente Médio e na tradição dos filhos de Abraão, até os dias de hoje, entre judeus, árabes, cristãos e muçulmanos. Especialmente forte era e é a hospitalidade entre os nômades e seminômades do deserto, por onde perambulam também os pastores.

Antigamente havia locais de refúgio: os templos e algumas cidades, escolhidas para este fim. Nelas devia reinar a mais ampla hospitalidade. Se alguém fosse perseguido, por qualquer título, caso alcançasse esses locais, tinha a certeza de hospitalidade e de segurança contra seus inimigos. O próprio Jesus, perseguido e ameaçado de morte, se refugiou na cidade de Efraim, junto ao deserto, conhecida como cidade-refúgio (cf. Jo 11, 54).

Imaginemos a seguinte situação: há um núcleo de tendas armadas no deserto. Ocorre uma desavença entre certa pessoa e todo um grupo de outra família. Essa pessoa se sente ameaçada de morte. A situação é tão séria que ela resolve, na calada da noite, abandonar sua família e as tendas e enfrentar o desconhecido do deserto. Teme ainda ser perseguida, alcançada e morta.

Depois de muito andar, sob angústia e medo, chega a uma

pequena vila. Ali há um pequeno templo, onde habitam os sacerdotes e aqueles que atendem os peregrinos. Faz apelo ao direito de hospitalidade. O sacerdote recebe a pessoa com grande cordialidade, sem sequer perguntar pelas razões, boas ou más, que a fizeram fugir.

Como é praxe para com os hóspedes, oferece-lhe água para beber e para se lavar. Unge-lhe a cabeça com óleo perfumado, prepara a mesa para a refeição e não deixa que o copo de vinho fique vazio.

Horas depois, os inimigos chegam furiosos. Mas, ao ver o fugitivo no templo, sentado à mesa, todo perfumado e com o copo transbordante, detêm-se raivosos e nada podem fazer. A hospitalidade impõe um limite intransponível. Frustrados, acabam indo embora.

Dias após, o sacerdote oferece ao refugiado uma escolta de dois homens que o acompanham a um destino seguro, talvez junto a um outro ramo de sua família. O salmista chama simbolicamente os dois homens da escolta de "bondade e fidelidade". Ao sair, cheio de gratidão, o refugiado, agora salvo e libertado, expressa um desejo: gostaria de habitar na casa do Senhor por todo o tempo de sua vida, ou, pelo menos, fazer todo ano uma peregrinação para esse lugar onde experimentou tanta hospitalidade, proteção e bondade (v. 6b).

Novamente notamos a coerência dos símbolos ao redor da figura do hospedeiro: a mesa posta, o perfume, o copo de vinho transbordante, a alegria de estar em casa. O efeito é evidente: estar seguro e tranqüilo porque "habitarei na casa do Senhor", porque "bondade e lealdade me escoltam todos os dias de minha vida" (v. 6a).

Mas na vida nem tudo é linear e tranqüilo. Há situações de risco, corremos perigos em viagens de carro, de avião e mesmo andando na rua. Podemos ser assaltados a qualquer momento. Nossos filhos e filhas podem ser seqüestrados e mortos. Uma doença repentina nos assalta e pode nos tirar a vida. Não controlamos o curso da vida. Estamos à mercê de tantas injunções imprevisíveis e todas elas possíveis.

O que fazer? A pessoa de fé se entrega confiantemente a Deus, que a acolhe em sua casa e a trata com todas as virtudes da hospitalidade. Está na casa do Senhor. Quem poderá ameaçá-la?

O salmo 36 expressa com mais detalhe o que está expresso, com brevidade, no salmo 23. Diz o salmista: "Ó Deus, quão preciosa é Sua graça. Os filhos e as filhas dos homens se refugiam à sombra de Tuas asas. Saciam-se da abundância de tua casa. E lhes dás de beber da torrente de Tuas delícias, porque contigo está a fonte da vida, e, através de Tua luz, vemos a luz" (Sl 36, 8-10).

A articulação pastor-hospedeiro

Os dois símbolos-eixo, pastor e hospedeiro, estão a serviço do propósito central do salmo 23, colocado exatamente no meio (v. 4b): "Tu estás comigo." Tanto um como outro oferecem proteção, segurança e vida em meio a dificuldades e perigos. Há, portanto, um nexo lógico entre um símbolo e outro.

As tradições do Êxodo do Egito oferecem a articulação da figura do pastor com a figura do hospedeiro, aplicados a Deus. Ali se diz que Javé guiava seu povo pelo deserto como um pastor guia o seu rebanho, garantindo-lhe maná como comida, água, mesmo tirada da rocha, e descanso (Sl 77, 21). E quando chega à Terra da Promessa, Deus se mostra hospedeiro e o acolhe em Sua santa morada (Êx 15, 13).

Na teologia sacerdotal que tanto marcou os textos bíblicos quando foram relidos e reescritos pelos levitas no século IV-V a.C. se entendeu sempre a saída do Egito como uma peregrinação rumo ao Templo no monte Sion de Jerusalém, porque lá habita Deus e lá, em Sua Casa, Ele espera reunir todo o seu povo.

Entre nós e o salmo 23 distam cerca de três mil anos. As palavras não ficam congeladas. Elas fazem história e com o tempo assumem significações e ressonâncias diferentes daquelas do tempo em que o salmo foi escrito. Precisamos, portanto, interpretar para entender. Mas sempre a partir da experiência de base, tão singela e transparente que quase dispensa interpretação. Basta ouvi-la e sintonizar com ela para compreendê-la em sua significação vital, como tentamos nas páginas anteriores.

Nossa leitura procurará, à medida do possível, atender a quatro níveis diferentes, como em círculos concêntricos.

O primeiro nível será *literal*: daremos todo o peso e valor às palavras como se encontram no texto. O sentido literal é a base que suporta todos os demais sentidos, por mais simbólicos e espirituais que sejam. Assim, pastor é pastor, cajado é cajado, mesa é mesa, taça é taça. Com isso evitaremos de saída as interpretações meramente alegóricas, por vezes mirabolantes.

O segundo nível é *simbólico*. As palavras possuem ressonâncias. Elas sugerem e permitem conexões. Como o mundo esconde outro mundo dentro de si, também as palavras escondem outros sentidos que, partindo do sentido literal, vão além dele. Aqui temos a ver com arquétipos, aquelas estruturas do inconsciente pessoal e coletivo carregadas de emoções e significados existenciais, que inspiram valores e orientam nossa caminhada. Assim o pastor não é só aquele de carne e osso que perambula pelo deserto no meio de suas ovelhas. É também o símbolo de Deus que cuida de nós e nunca nos abandona. O hospedeiro que hospeda o desconhecido e lhe dá mostras de humanidade simboliza Deus, que nos convida a conviver com Ele, como em Sua Casa.

O terceiro nível é *espiritual*. Trata-se do sentido existencial que os símbolos possuem em nossa vida. O importante não são apenas as coisas e as palavras com seus significados objetivos que se encontram em qualquer dicionário. Mais importante é a reação que elas provocam em nós, o que elas significam para nossa vida, que experiências nos permitiram fazer e que lições nos oferecem para enriquecer nossa visão do mundo e de Deus. O sentido espiritual muitas vezes se identifica com o sentido simbólico. Mas o sentido espiritual enfatiza mais o aspecto global, se preocupa com a forma como os vários sentidos se encaixam no todo de nossa vida e nos mistérios de Deus.

Espírito, de onde vem espiritual, é aquele momento da consciência no qual nos sentimos parte do Todo e percebemos que num grão de areia pode estar contido o universo e em palavras como "tu estás comigo" pode-se encontrar todo o sentido de nossa vida, ao exorcizar os medos e nos dar confiança para enfrentar qualquer dificuldade. Pois estamos no coração do Pai e Mãe de bondade, e nossos passos se fazem na palma de Sua mão.

Por fim, o nível *cristão*. Os cristãos lêem com seus olhos o Primeiro Testamento (a Bíblia judaica) sempre a partir do Segundo Testamento (evangelhos e demais textos), elaborado a partir da vida, morte e ressurreição de Cristo. Os textos antigos guardam a promessa do novo. Assim, quando ouvimos: "O Senhor é meu pastor", não podemos deixar de ouvir junto a palavra de Jesus, que disse: "Eu sou o bom pastor" (Jo 10, 11). Ao ouvir a expressão do salmo "tu me unges com o óleo a cabeça" (v. 5b), logo pensamos no "Ungido" que foi o Cristo. Efetivamente, "Ungido" em grego se traduz por "Cristo".

A articulação desses quatro níveis nos permite uma experiência total do salmo 23. E descobriremos que é uma mina a jorrar sempre de novo água cristalina, benfazeja para judeus e cristãos e para qualquer pessoa em busca de caminho, proteção e acolhida.

Bom pastor de nossas vidas,
Assista-me no caminho.
Nas cruzes doloridas
Jamais me deixe sozinho.

Tua presença densa e forte
Espanta as ameaças.
Mostra-me agora um norte,
Dá-me paz e muitas graças.

Estenda Tua mão segura
Ao cruzar o vale profundo.
Tua água limpa e pura
Sacia a alma e o mundo.

A promessa de verde campina
Me encheu de contentamento.
É como a estrela matutina
Que alegra o firmamento.

Tudo é paz e harmonia,
Ninguém se sobressalta.
Tua presença me sacia,
Contigo nada me falta.

SEGUNDA PARTE

O canto do pastor

O Senhor é meu pastor

O salmista começa com uma profissão de fé. Invoca a Deus como Javé, que é traduzido por Senhor (em português), Kyrios (em grego) e Dominus (em latim). Javé-Senhor é o nome pessoal que Deus revelou a Moisés: "Eu sou aquele que sou" (Êx 3, 14).

O que significa "Senhor"

Javé-Senhor etimologicamente é o futuro do verbo ser. Então o sentido existencial é: "Eu sou aquele que serei", quer dizer, "eu sou aquele que estará sempre contigo, aquele que caminhará contigo pelo amanhã de tua vida".

Não se trata de uma reflexão metafísica (o sentido do ser), própria dos gregos, mas de uma experiência histórica, específica dos hebreus. Eles tiveram um encontro com Deus no processo de suas vidas de nômades, de exilados e, por fim, de povo que se constituiu lentamente pela confederação de doze tribos. O texto do Êxodo expressa resumidamente essa dimensão histórica: "Javé, o Deus de vossos pais Abraão, Isaac e Jacó... este é o meu nome para sempre" (Êx 3, 15).

Javé-Senhor ganha uma dimensão cósmica. Ele é o Criador do céu e da Terra e de cada pessoa humana, a quem chama pelo nome. Por isso, Ele é o único Senhor de nossa vida e de nosso destino. Ninguém pode concorrer com Ele. "Ele conhece", como diz o salmo 103, 14 "nossa natureza e se lembra de que somos pó e nos cumula de misericórdia e compaixão." A este, assim poderoso e excelso, invocamos como "meu pastor". É em suas mãos que colocamos nossas vidas.

O que significa ser pastor

Ao pronunciar a palavra "pastor" vem à consciência lembranças históricas, caras a todo membro do povo hebreu: os patriarcas, pais da fé, Abraão, Isaac e Jacó, bem como os parentes próximos, como Lot, e outros, como Labão, eram nômades e pastores (cf. Gn 13). Viviam em tendas pelo deserto. Ao ocuparem Canaã, se fizeram sedentários, cultivando os campos. Mesmo assim continuavam com o pastoreio de ovelhas, cabras e gado (entre vinte a quinhentos animais), como forma de suprir as necessidades do clã.

As virtudes do pastor

A figura do pastor permaneceu no imaginário coletivo fortemente idealizada, por causa das virtudes que caracterizam todo pastor. Já as descrevemos anteriormente quando abordamos o simbolismo do pastor. Aqui as retomamos e completamos. Essas virtudes do pastor encontramos em Deus quando nos entregamos a Ele.

Antes de mais nada, o pastor *conduz* as ovelhas e o rebanho. Como diz o evangelista João: "Ele vai na frente e elas o seguem porque lhe conhecem a voz" (Jo 10, 4). Ele conhece os caminhos, os atalhos, as canhadas, e conduz as ovelhas com "conhecimento e prudência" (Jr 3, 15), para não pô-las em risco. Sabe onde ficam as pastagens verdes e as fontes de água abundante. Com seu bastão não permite que algumas ovelhas, mais afoitas, se afastem. Acerta o passo para que as machucadas possam permanecer no grupo. Cuida das prenhes para que não se cansem demais nem tropecem em pedras ou arbustos. Fica atento especialmente com as ovelhinhas saltitantes e inexperientes, pois facilmente se extraviam.

Em seguida, o pastor *cuida* das ovelhas. Fica próximo delas para que sintam sua presença. Conhece a cada uma pelo nome (cf. Jo 10, 3) e conhece seus problemas. Enfaixa aquela que quebrou a perna. Busca a que se extraviou. Trata-as sempre com doçura e voz carinhosa. Em regiões desérticas como na Palestina bíblica, a vida ou a morte do rebanho dependia do cuidado do pastor. Levar as ovelhas para campinas verdes na primavera, ou com vegetação seca mas comestível no verão, especialmente os restos da ceifa já realizada nos campos próximos das vilas e cidades, atravessar canhadas profundas, cheias de pedras soltas e resvaladias, saber a exata distância dos poços de água ou dos oásis onde se pode permanecer para refazer as forças – tudo isso pertence ao cuidado, ao desvelo e à prudência de todo pastor que não é mercenário ou um simples peão (cf. Jo 10, 12-13; Zc 11, 15).

Especialmente à noite, o pastor deve cuidar do rebanho, pois feras do deserto e, eventualmente, salteadores rondam e podem atacá-lo. O pastor deve estar vigilante, escutar cada pequeno ruído e manter-se em posição de defesa ou ataque.

Por fim, o pastor é *companheiro* das ovelhas. Ele liga seu destino ao destino do rebanho. Sofre a mesma sede, padece, solidário, com o sol ardente durante o dia e o frio intenso durante a noite. Cansa-se ao caminhar pela areia e sobre pedras. Corre riscos de ser agredido pelos animais, ou ferido e até morto pelos ladrões de beira de estrada. O pastor, à diferença do mercenário ou do peão contratado, dá a sua vida pelas ovelhas (cf. Jo 10, 15). Estabelece-se uma relação de afeto profundo entre pastor e ovelhas: "Conheço as minhas e as minhas me conhecem" e "elas seguem o pastor porque conhecem a sua voz" (Jo 10, 4.27). As ovelhas sentem o bater cadenciado do cajado no chão ou nas pedras. Estão protegidas e cuidadas.

Os governantes como pastores

Essas virtudes do pastor fizeram com que os governantes fossem chamados de pastores do povo. Este é um dado transcultural, encontrado entre os sumérios, os babilônicos e egípcios. Cabe a eles fazer ao povo o que o pastor faz às ovelhas: conduzir, cuidar e comprometer-se com seu destino.

Platão, em sua *Política,* vai mais longe, ao dizer que o pastor humano é um reflexo (*schema* em grego) do pastor divino e deve governar com o senso de justiça, eqüidade e benevolência própria do Ser divino (*Política* 217e). Por esta razão se entende que, segundo o profeta Isaías (Is 42, 28), Deus chama Ciro, rei pagão da Pérsia, de "meu pastor", porque cuidou do bem-estar do povo judeu exilado, permitindo que regressasse à Palestina e reconstituísse o Templo.

Há, no entanto, uma nota de grande realismo. Quando se faz referência aos soberanos e reis hebreus como pastores, predominam as críticas severas e ressaltam-se os traços negativos. O profeta Isaías, por exemplo, os chama de "cachorros que têm enorme apetite, nunca se fartam, pastores que não sabem discernir... cada um visa ao próprio lucro, sem limites" (Is 56, 11-12). O mais implacável de todos é o profeta Ezequiel. Todo o capítulo 34 do livro de Ezequiel é uma peça acusatória contra os pastores de Israel, "que se apascentam a si mesmos" (v. 2). Em discurso direto o profeta os invectiva: "Bebeis o leite das ovelhas, vestis sua lã e sacrificais os animais gordos... Não fortalecestes a ovelha doente nem enfaixastes a ovelha quebrada. Não trouxestes de volta a ovelha extraviada, não procurastes a ovelha perdida, mas as dominastes com dureza e brutalidade" (vv. 4-5).

A crítica mais dura e sempre recorrente é que esses pastores de Israel perverteram a natureza do pastor, que é de apascentar as ovelhas. Eles se apascentam a si mesmos, em vez das ovelhas, com arrogância e desfaçatez (Ez 34, 2.8.16). A conseqüência é que as ovelhas se dispersam e se tornam vítimas da pilhagem e de animais selvagens (Ez 34, 8; Jr 10, 21; 23, 3; 50, 6). O castigo virá sobre eles: "Gemei, pastores, e gritai. Revolvei-vos no pó, chefes do rebanho! Sereis dispersados e caireis como vasos preciosos; não há refúgio para os pastores nem escapatória para os chefes do rebanho" (Jr 25, 34-35; Zc 11, 16-17). Esses textos parecem descrever situações atuais, quando ditadores e opressores do povo são derrubados, têm que escapar e buscar exílio em países que mal os toleram.

Como se depreende, a figura do pastor suscita arquétipos ancestrais, ligados ao cuidado, à acolhida, à segurança, à confiança, ao sentir-se acompanhado e protegido ou aos valores inversos, sempre denunciados.

Deus como bom pastor

Por causa da perversão dos falsos pastores, Deus comparece como o verdadeiro e bom pastor. O nosso salmo 23 testemunha: "O Senhor é meu pastor, nada me falta". Outros salmos dão o mesmo testemunho: Sl 28, 9; 68-8-9; 74, 1; 77, 20; 78, 13; 95, 7; 110, 3; 121, 4. Deus se apresenta como pastor de Jacó (Gn 38, 15; 49, 24) e de todo o povo, visto como "rebanho de Javé" (Jr 13, 17; Is 40, 11; Ez 34, 31; Zc 10, 3; Sl 79, 13; 100, 3). Javé-pastor, em muitas passagens bíblicas, equivale a Javé-rei (Sl 5, 3; 24, 7-10; 29, 10; 44, 5; 47, 78; 48, 3; 95, 3). Carinhosamente diz: "Procurarei a ovelha perdida, reconduzirei a extraviada, enfaixarei a quebrada, fortalecerei a doente e vigiarei a ovelha gorda e forte. Apascentá-las-ei conforme o direito" (Ez 34, 16; cf. Is 40-10-11; 49, 9; Mq 4, 6-7; 7, 14).

O Messias da linha davídica, enviado por Deus para resgatar a humanidade do cativeiro, é chamado também de pastor: "Para apascentar as ovelhas, estabelecerei sobre elas um único pastor, o meu servo Davi. Ele as apascentará e lhes servirá de pastor" (Ez 34, 24; Jr 3, 15; 23, 4).

Devemos pensar Deus-pastor também numa relação cósmica. Ele cuida, por Sua providência, da criação e de cada ser que nela existe. Especialmente hoje que tomamos consciência dos limites do crescimento pela exaustão dos recursos não-renováveis da Terra, como petróleo, carvão e outros, e pela extinção crescente de espécies (mais de três mil ao ano) devido à voracidade industrialista, apelamos a Deus para que suscite em nós uma ética do cuidado, da responsabilidade, da compaixão, da prevenção e da precaução. Sem mudança de comportamento, dificilmente preservaremos a integridade e a beleza da Terra.

Jesus, o pastor universal

O Novo Testamento, que preferimos chamar de Segundo Testamento, vê Cristo como aquele que reúne "as ovelhas perdidas da casa de Israel" (Mt 9, 36; 10, 6; 15, 24) ou o "rebanho sem pastor" (Mt 26; 9, 36; Mc 6, 34) e "procura a ovelha tresmalhada" (Lc 15, 4-7). Numa fórmula sucinta, diz São Pedro em sua carta: Cristo é o "pastor de nossas almas" (1 Pe 2, 25), mais ainda "o supremo pastor" (1 Pe 5, 3-4)

Mas é particularmente São João quem dedica todo um capítulo a Jesus como bom pastor: "Eu sou o bom pastor. O bom pastor dá a vida pelas ovelhas" (Jo 10, 11). E define sua missão: "Eu vim para que as ovelhas tenham vida, e a tenham em abundânca" (Jo 10, 10).

Jesus, bom pastor, tem consciência de que "possui ainda outras ovelhas que não são deste aprisco". Portanto, não pertencem à religião judaica nem se contam entre os seguidores dele. Sua consciência é universalista: "É preciso que as traga e elas ouvirão minha voz e haverá um só rebanho e um só pastor" (Jo 10, 16).

Por duas vezes repete Jesus: "Eu sou o bom pastor. Conheço os meus e os meus me conhecem" (Jo 10, 11; 10, 14). E faz uma promessa, só possível por parte de quem se sente do lado de Deus e é o Filho de Deus: "Eu lhes dou a vida eterna e as ovelhas não perecerão para sempre e ninguém as arrebatará de minha mão" (Jo 10, 28).

O Apocalipse, fazendo uma inversão de papéis, vê o Cristo morto e ressuscitado como o Cordeiro que foi sacrificado. Este

Cordeiro agora é feito o pastor definitivo. E então se diz: "O Cordeiro que está no meio do trono, apascentará a todos e os guiará às fontes de água da vida e Deus lhes enxugará toda lágrima dos olhos" (Ap 7, 17). Aqui seguramente se faz uma reinterpretação do salmo 23 à luz do evento-Cristo. As "fontes tranqüilas" (Sl 23, 2) se transformam agora em "fontes de água viva" (Ap 7, 17).

Os pastores da Igreja

Na consciência dos primeiros cristãos, a Igreja é vista como o "pequeno rebanho" (Lc 12, 32), o resto que aderiu a Jesus e à sua mensagem. Pedro, aquele que testemunhou a fé em Jesus como Filho de Deus, é chamado a pastorear as ovelhas (Jo 21, 16). Mas só poderá fazê-lo legitimamente a partir de um amor maior (Jo 21, 15: "Ama-me mais do que estes?"). No Segundo Testamento, os que ocupam cargos de animação e direção são chamados de presbíteros (1 Pe 5, 1 e At 20, 17) ou também de bispos (At 20, 28). Somente na Carta aos Efésios de São Paulo se fala que na comunidade existem "pastores e mestres" (Ef 4, 11). Mas esse título de "pastor" não teve maior ressonância nos demais textos do Segundo Testamento.

A evolução no seio da Igreja, ao largo dos séculos, caminhou no sentido de entender a atividade eclesial como serviço pastoral. Todos os ministros acabaram sendo chamados de "pastores", e o Papa, o "supremo pastor". Para eles valem as virtudes do pastor, como vêm detalhadas nas Escrituras, especialmente à luz de Jesus, o bom pastor. Mas as críticas dos profetas e do próprio Jesus acerca do pastor que se faz mercenário e ladrão devem ser sempre atualizadas. O pastor das Igrejas corre o risco de se autofinalizar, "apascentar a si mesmo", e de esquecer o rebanho, vale dizer, a comunidade dos fiéis a serviço da qual é investido. Acaba utilizando muitas vezes o cajado contra as ovelhas, ao invés de contra os lobos, como ocorreu, historicamente, com muitos pastores supremos, os papas.

Confiar-se a um bom pastor

Quando rezamos "o Senhor é meu pastor", ressoam dentro de nós todos esses significados que acabamos de detalhar. Embora vivamos em sociedades urbanas e as referências pastoris tenham ficado restritas a pequenos grupos ou longe no passado, ainda assim a categoria "pastor" continua nos suscitando poderosas e benfazejas energias.

Essas energias são imprescindíveis para que gestemos formas de condução social e política dos povos e de cuidados com a herança natural que desfaçam o alarme ecológico e inaugurem práticas benevolentes para com toda a vida em sua imensa diversidade.

A figura do pastor mergulhou em nosso inconsciente coletivo. De lá irradia como arquétipo. É próprio do arquétipo guardar as grandes experiências que a humanidade fez em contato com a figura do pastor. E elas, consoante os tempos e as circunstâncias, podem ressurgir, resgatando a inspiração do passado e ganhando novas configurações típicas do presente.

Já dizia Charles de Foucauld, aquele místico cristão que foi viver anonimamente no deserto da Argélia para estar em comunhão com os muçulmanos que o assassinaram em 1916: "Não podemos sequer medir a felicidade de estarmos nas mãos de um tal pastor como Jesus. Ele procura o nosso verdadeiro bem e nos dá, no tempo oportuno, o alimento necessário" (Ravasi, 428).

Eu Te pertenço, Mistério insondável!
Todo meu ser queima e arde
Por uma plenitude palpável
Por Tua presença sem alarde.
Existe ainda o Adão matinal
Na Sua justiça original.

Alimenta a raiz do meu ser.
Bem sei que há galhos
Que não puderam florescer.
São espantalhos
Do verdadeiro ser.
Faze-os renascer!

O espírito de bem-aventurança
Não suscitou em mim ainda
Tua presença e lembrança:
Aquela graça infinda
Que na alma brilha e descansa,
E que faz da vida uma dança!

Apesar de todos os pesares
E de tantos, tantos andares,
Tudo é Teu, só Teu.
Senhor, que eu me faça
Límpida taça
Para o vinho Teu.

Nada me falta

Este pequeno verso quase não é comentado pelos grandes intérpretes dos salmos. É dado como auto-evidente. E não é. Considera-se que nestas poucas palavras se esconde o fundamento da confiança e da entrega incondicional do salmista a Deus. Sem ele, o salmo ficaria dependurado no ar.

O sentido literal e direto de "nada me falta" parece ser este: quem se sente sob os cuidados do bom pastor não precisa temer nada, pois Ele olhará para que nada falte. Tudo o que alguém pode desejar é sentir-se conduzido e carregado por um Deus que é bom e solícito como um pastor. Posso estar sossegado porque "nada me falta".

Mas esse "nada me falta" supõe um ato de incondicional confiança em Alguém que realmente tudo pode, que sabe de nossas necessidades e garante o desfecho final de tudo, nem que seja por caminhos transversos. Mesmo com ventos contrários, Deus tem o poder de conduzir o barco da vida ao porto feliz.

É este o argumento que o salmo 73, aparentado ao salmo 23, nos traz: "Eu sempre estou contigo, Tu me seguras pela mão direita, Tu me guias segundo Teus planos e me levas a um destino glorioso. Se Tu, a quem eu tenho no céu, estás comigo, nada mais desejo na terra" (versos 23-25).

O desejo infinito do ser humano

Para captarmos a importância da relação entre o "nada me falta" e "o Senhor é meu pastor" precisamos cavar fundo na realidade humana.

Importa reconhecer aquilo que é uma constatação que perpassa todas as culturas: o ser humano é fundamentalmente um ser de desejo. É um ser de desejo porque, mais que outros seres, ele é um fenômeno quântico. Com isso queremos dizer que é um ser imponderável, um vulcão de energias a explodir por todos os lados. Apresenta-se sempre como portador de infinitas possibilidades e virtualidades. Somente algumas delas, ao largo da vida, podem ser realizadas. E as realizadas foram um dia possibilidades abertas e, por isso, objeto do desejo.

O desejo humano tem a singularidade de ser ilimitado. Não desejamos apenas isso ou aquilo, por mais excelso que se apresente. Desejamos tudo, desejamos a eternidade, desejamos ser Deus (cf. Gn 3.5: "sereis com deuses") ou dispor dos poderes de Deus.

Em razão dessa estrutura, vivemos procurando realizar desejos. Em outras palavras, trabalhamos para concretizar sonhos. Viajamos por mundos diferentes a fim de atender desejos de conhecer, de experimentar e de possuir. Fazemos sacrifícios incomensuráveis para realizar desejos acalentados durante toda uma vida, especialmente desejo de felicidade, de amar e ser amado, ou de alcançar fama, glória, ou simples sucesso profissional e reconhecimento.

Muitas vezes temos simplesmente o singelo desejo de viver junto da pessoa amada, andar de mãos dadas com ela e se sentir contente. E nem isso realizamos. Não raro, atropelamos pessoas e processos, marginalizamos concorrentes ou até eliminamos outros para realizar um desejo de fortuna, de posição social ou de alguma vantagem material. Não há coisa que não tenha sido objeto do desejo humano. Assim saímos da Terra em direção às estrelas, fomos à Lua e já saímos do sistema solar rumo ao coração de nossa galáxia, a Via Láctea, no desejo de desvendar o espaço infinito e encontrar eventuais outros mundos inteligentes.

Qual é o objeto adequado ao desejo humano? Se o desejo é

infinito, podemos encontrar um objeto também infinito que sacie nossa ânsia?

As ilusões do desejo

Por ser ilimitado, o desejo se confronta com muitos objetos desejáveis. Todos fazem suas solicitações, confundindo a pessoa. A experiência tem mostrado que não sabemos desejar. Geralmente aprendemos a definir um objeto à medida que imitamos o desejo dos outros. Quer dizer, desejamos o que os outros também desejam. Um pensador francês contemporâneo, René Girard, mostrou o mecanismo que entra em funcionamento quando seguimos o caminho da imitação (chamado por ele de desejo mimético): o surgimento da violência. Ao desejarem o mesmo objeto, todos começam a disputar entre si. Cada qual deseja se apropriar do objeto só para si, excluindo os outros. Daí nasce a concorrência, a vontade de marginalização de todos os outros e, eventualmente, a eliminação concreta deles. Esta lógica só se rompe quando, ao invés da concorrência de todos contra todos, emerge a vontade de cooperacão de todos com todos e a decisão de todos possuírem o mesmo objeto em participação e em comunhão. Ao invés da tensão e da guerra, reinaria a distensão e a paz.

Esse aprendizado do desejo pela participação e pela comunhão pode ter tido sua história no passado ou em círculos restritos, como na vida religiosa, na qual os membros, seja cristãos, seja budistas, decidem colocar tudo em comum e cada qual renuncia a possuir individualmente.

Mas essa alternativa não conseguiu ser hegemônica na história humana. O que triunfou nos últimos séculos, em todas as sociedades mundiais, foi o desejo mimético, a relação de concorrência e de competição de todos com todos. Esta é a lógica da macroeconomia mundial e do mercado: o império do desejo orientado ferozmente pela competição. A conseqüência é perceptível, com características de perversidade: mais da metade da humanidade sofre na marginalização e na exclusão.

Quando o desejo excludente predomina, dá origem a um sistema social e cultural caracterizado pelo consumismo individualista, pela depredação da natureza (cada um quer chegar primeiro à exploração dos bens naturais) e por crescentes desigualdades sociais.

O sistema é *consumista* porque sempre quer aumentar a oferta de objetos de desejo a serem comprados e consumidos. Para isso usa a propaganda. Sua função é excitar continuamente o desejo e o instinto de posse privada. O que mais se oferece são bens materiais (objetos de uso individual, eletrodomésticos, casas, carros e outros). O sistema transforma tudo em mercadoria para ser desejada, desde sexo, entretenimento, ciência, até religião. Cada objeto de desejo é transformado num pequeno deus pelo marketing, esse deus que se apresenta como capaz de realizar nossos desejos mais íntimos. Por isso, o objeto assume características religiosas. Irradia força benfazeja, funciona como um sacramento que produz, por sua simples posse *(ex opere operato)*, felicidade e melhoria do status social. Fumar certa marca de cigarros, comprar certo tipo de carro, usar determinada grife passam a definir a pessoa e a lhe dar poder.

Ademais esse sistema é *depredador da natureza*. À força de ter que aumentar a oferta de objetos de desejo, desequilibra ecossistemas, exaure recursos escassos e compromete a biosfera com o aquecimento do clima geral da Terra, a diminuição da camada de ozônio, a poluição dos ares e envenenamento dos solos, etc. Com isso, corre-se o risco de que, com o tempo, haja menos objetos de desejo e sua posse se torne cada vez mais cara, seletiva e excludente.

Por isso, esse sistema cria *desigualdades* entre os seres humanos. Alguns poucos acumulam crescentemente objetos de desejo (20% da humanidade), deixando os outros na carência (80% da humanidade). Há risco sério de que se bifurque a família humana entre aqueles que se consideram semelhantes e dividem entre si os bens naturais, industriais e culturais, e aqueles considerados dessemelhantes, entregues à sua própria sorte, já não sendo inseridos na família humana e no destino da Terra. Entre os objetos de desejo podem estar a ciência, a arte, certo tipo de religião e caminho espiritual, todos colocados no mercado do consumo.

Curiosamente, essa superabundância de objetos de desejo não trouxe felicidade nem auto-realização. Foi uma estratégia da ilusão. Ao contrário, cresce mais e mais a ansiedade em querer possuir, consumir e acumular, deixando as pessoas estressadas, vazias e infelizes.

Por quê? Porque subjacente a esse mecanismo funciona uma compreensão redutora e falsa do ser humano. Imagina-se que ele seja tão-somente um animal faminto e tenha apenas fome de pão e de seus derivados materiais. O ser humano possui também fome de beleza, de comunicação, de encontro e de espiritualidade. Ele não se satisfaz com a parte, quer o Todo. Não se contenta com os entes, almeja o Ser em sua totalidade. Ele não quer apenas a competição, mas principalmente anseia por cooperação, participação, gratuidade e comunhão com os outros, com a natureza e com o Ser essencial, Deus.

Vigora um mecanismo enganoso em nossa cultura hoje globalizada: dar a ilusão às pessoas de que, se elas começarem a consumir e a acumular bens materiais, especialmente dinheiro e poder, serão felizes e se sentirão humanamente realizadas. Basta olharmos aqueles países considerados adiantados que estabeleceram altos índices de produção e consumo: mais e mais, em lugar de um povo consciente e de cidadãos críticos e participativos com história e identidade própria, surge uma massa de consumidores e usuários passivos e inconscientes. Por isso, míngua a solidariedade e avulta a solidão, cresce a violência real e simbólica e diminui a vontade de participação na sociedade e de sinergia com a natureza.

Há em curso um processo de desmontagem do ser humano, de seu desejo verdadeiro e de sua percepção infinita. Essas dimensões somente afloram e trazem felicidade e alento ao ser humano quando ele se dá conta de que não é apenas um *corpo* com necessidades e uma *mente* com curiosidades, mas que é habitado por um *espírito* voltado para o profundo e o radical, capaz de definir qual é o objeto infinito, adequado ao seu desejo infinito. Quanto mais perto está desse desejo essencial, mais humano e realizado se sente.

A realização do desejo infinito

É próprio do espírito suscitar as questões radicais que dizem respeito ao sentido do mundo, da vida e da existência de cada pessoa. O espírito se dá conta de nossa implenitude, pois não encontra nos objetos que o circundam um que lhe seja perfeitamente adequado. Deseja o infinito e encontra apenas finitos. Por isso, a existência humana é excêntrica e fundamentalmente desajustada nesse mundo. Sua angústia existencial não diminui, mas permanece incurável até o momento em que, desiludido de falsas identificações, acolhe seu desejo infinito e se abre ao Infinito. As questões da transcendência e de Deus começam a fazer sentido. Nelas descobre o infinito que está à sua altura. Dois infinitos se confrontam frente a frente. E se sentem afins. Quando se abrem mutuamente, eclode um estado de bem-aventurança e de paz. Aquieta-se a angústia para dar lugar à paz.

Agora podemos entender a frase de Santo Agostinho, um dos pensadores mais angustiados do Ocidente, que por todos os caminhos possíveis, da retórica, da filosofia neoplatônica e do amor, buscava resposta a seu indagar: "Inquieto estará meu coração enquanto não repousar em Ti, ó meu Deus." Encontrou Deus. Mas sabe que não O teria encontrado se não tivesse sido antes buscado por Deus. Ou então o pequeno poema que Santa Teresa de Ávila escreveu em seu marcador de leitura:

"Nada te perturbe
Nada te espante,
Tudo passa,
Deus não muda,
A paciência tudo alcança.
Quem tem Deus
Nada lhe falta
Só Deus basta."

O Ser essencial, a Fonte Originária de todo ser, Deus é o objeto adequado ao nosso desejo. Enquanto não o identificamos, vivemos irrequietos e infelizes. Os demais objetos do desejo, por mais significativos que se apresentem, não têm a qualidade de nos aquietar e fazer repousar. Se neles colocamos toda nossa confiança, seremos, no termo, defraudados. Não porque sejam objetos falsos de desejo, mas porque não possuem a marca do infinito, que é a marca de nosso desejo. O vazio infinito que nos devora só pode ser plenificado pelo infinito de Deus. Nesse podemos confiar, porque efetivamente "só Deus basta".

Quando o salmista diz que o Senhor é seu pastor, testemunha que o desejo infinito encontrou no Senhor o Infinito desejado e buscado. Agora faz sentido o "nada me falta". Nele pode entregar sua vida e sua morte. Mesmo que tenha que passar pelas fossas mais radicais da condição humana e até nelas sucumbir, ainda assim pode confiar em Deus. É o que o salmo 73, realisticamente, afirma: "Mesmo que a carne e o coração se extingam, Deus é a rocha de meu coração, minha herança para sempre. Quem se afasta de Ti se perde. Por isso, minha felicidade, ó Deus, é estar em comunhão Contigo e fazer de Ti, Senhor Deus, meu refúgio" (Sl 73, 26.28).

É só nesse sentido profundo que podemos entender em seu justo valor a expressão "nada me falta".

Argonauta-beduíno que vagueia
Por caminhos de águas e de areias,
Seduzido por miragens a vida inteira,
Persigo as cantigas das sereias.

Perdido, vou seguindo pelas águas
Do mar, como marinheiro incerto.
Peregrino das areias do deserto,
Vou carregando, inquieto, minhas mágoas.

Um fruto eu colhi destas canseiras:
No mar só tempestades e miasmas,
No deserto, simuns e só cegueiras.

Jamais ouvirei as cantigas das sereias
pois são vozes fúteis, são fantasmas
Istáveis como as águas e as sereias.

Em verdes pastagens me faz repousar

O sentido literal deste verso é evidente. O bom pastor sabe onde estão as pastagens verdes e é para lá que conduz as ovelhas. O deserto da Palestina não é de areias como o Saara, mas de terras calcárias. Só uns poucos lugares são de sílex ou de terras salgadas, onde crescem apenas espinhos e abrolhos. Quando há chuvas ou orvalho abundante, especialmente na primavera, o deserto se cobre de verde. E os oásis se transformam literalmente num vergel, como em Jericó, com rica produção de bananas, laranjas, tâmaras, uvas, trigo e outros cereais.

O bom e o mau pastor

"Verdes pastagens" é imagem vicejante que enche os olhos e dilata o coração. Serve de metáfora para simbolizar o que o bom pastor prepara para as ovelhas. Aí as ovelhas podem se alimentar, depois de estafante caminhada, e finalmente repousar.

Essa imagem ganha força quando confrontada com o seu oposto, com aquilo que o mau pastor faz com as ovelhas. Já referimos anteriormente às duras críticas dos profetas e especialmente de Jesus contra os maus pastores qualificados de estranhos, mercenários, ladrões e assaltantes de beira de estrada (cf. Ez 34, 3; Jo 10, 5.8.12). Eles exploram as ovelhas, tomando seu leite, vestindo suas lãs e comendo as mais gordas (Êx 34, 2). E ainda abandonam as ovelhas fracas, doentes, feridas e extraviadas à sua própria sorte, entregues aos animais selvagens, errando sem rumo, "sem que ninguém pergunte por elas ou as procure" (Ez 34, 4-6).

Esses pastores são, na intenção dos profetas e de Jesus, os líderes políticos e religiosos (naquele tempo coincidiam). A descrição de suas perversidades – eles "dominam com dureza e brutalidade" (Ez 34, 4) – nos remete aos desvios das lideranças políticas atuais que governam distanciadas do povo e até contra ele. Mas lembram também setores de lideranças religiosas que manipulam a fome de espiritualidade das multidões, "se apascentam a si mesmas" (Ez 34, 2) e transformam a religião num mercado muito lucrativo para elas mesmas.

A ameaça divina é clara: "Eu lhes cassarei o ofício de pastor" (Ez 34, 10), "Eu mesmo cuidarei das ovelhas" (v. 11). E deixando ressoar os versos do salmo 23, diz Deus nas palavras do profeta Ezequiel: "Eu mesmo apascentarei minhas ovelhas" e "pastarão em suculentas pastagens e ali repousarão" (Ez 34, 14).

Para que não haja dúvida de que não se trata de ovelhas, mas de pessoas, Deus esclarece: "E quanto a vós, minhas ovelhas, ovelhas de minha pastagem, vós sois seres humanos, Eu Sou vosso Deus" (Ez 34, 31).

"Verdes pastagens": metáfora da paz

O que significa concretamente, em sentido não-metafórico, "fazer repousar em verdes pastagens"? A própria metáfora sugere seu sentido.

As pastagens verdes e verdejantes inspiram paz. Como é suave e apaziguadora a paisagem de campos verdes, ondulando nas colinas ou se estendendo nas pradarias até se perderem no horizonte. Aqui e acolá se vêem cabeças de gado pastando ou ovelhas em grupos, repousando sob árvores frondosas. Profunda serenidade desce sobre o espírito. O mundo parece um jardim do Éden. A paz penetra a alma, não raro agitada pela azáfama da vida urbana ou pelos atropelos das obrigações cotidianas.

Paz: este é um dos anseios mais profundos do ser humano ontem e hoje. Às vezes, conta mais a paz do que o amor, de tal forma é dolorida a ausência de paz em quase todas as relações humanas, interpessoais, familiares, comunitárias e entre os povos. As relações tensas enfraquecem e até destroem as condições do amor e da convivência harmoniosa. Chegamos tão cansados das lutas da vida, que o supremo benefício consiste em podermos descansar e repousar. Quer dizer, viver em paz. As décadas de tensões, atentados e guerras em que vivem povos inteiros, atolados em crises políticas e sucessivos desastres econômico-financeiros, os fazem continuamente suspirar: "Deixem-nos repousar! Permitam-nos um pouco de paz!"

A falta de paz afeta a Terra e os ecossistemas superexplorados por nosso tipo depredador de desenvolvimento. Não deixamos a Terra descansar e se regenerar. Apenas lhe damos uma pequena trégua, para logo voltarmos a explorá-la. Até quando predominará esta estratégia suicida? Sem a Terra preservada, destruiremos as condições físico-químicas e ecológicas da vida.

Para todos os que aspiram pela paz, o salmo 23 representa uma bênção: "O Senhor é meu pastor... em verdes pastagens me faz repousar."

Como construir a paz?

A paz não surge sem mais. É uma realidade globalizante, que resulta de valores e de processos que têm de ser dados e vividos anteriormente. Para ser duradoura, a paz deve ser obra da justiça, como classicamente se dizia: "*opus iustitiae pax*" – a paz é obra da justiça.

A justiça é aquela relação minimamente boa para com o outro, abaixo da qual toda relação deixa de ser humana. Por isso, ela deve afirmar o outro como semelhante e se dispor a conviver com ele num reconhecimento recíproco. A justiça não é apenas humana, pessoal, social e internacional. Deve ser também justiça ecológica: relacionar-se com a vida, os ecossistemas e a Terra de tal forma que os respeite em sua alteridade e possa conviver com eles e construir juntos o mesmo destino comum.

Tratar os outros de forma dominadora, "com dureza e brutalidade", sem "fortalecer os fracos, cuidar dos doentes e resgatar os extraviados" (cf. Ez 34, 4; Jo 10, 12), portanto, sem atender as pessoas em sua diferença e em seu sofrimento é cometer contra elas injustiça pessoal e social.

Como se depreende, a paz nasce do cuidado. Aqui se encontra a chave para todo tipo de paz: o *cuidado* essencial. Cuidar é relacionar-se amorosamente com o outro, é colocar aquela atenção necessária que impede que nossos atos sejam prejudiciais e os ordena para o bem do outro. Cuidado é assim o norteador antecipado de todo comportamento, para que seja justo, includente e humano.

Onde vigora cuidado o medo deixa de existir (do qual nasce a violência) e surge a confiança e o sentimento de proteção.

Esse cuidado deve estender-se a todas as dimensões da realidade e da vida. Caso contrário, a paz não desabrochará nem será sustentável.

Hoje entendemos que importa cuidar da *Terra*, nossa Casa Comum, a única que temos para habitar. Mais que em outras gerações, sentimos a urgência de celebrar uma aliança de paz com a Terra. Por séculos temos sistematicamente agredido e depredado seu capital natural, no afã de conquistá-la e pôr seus recursos a nosso serviço. Hoje nos damos conta de que, a seguir essa lógica conquistadora, podemos destruir as condições da vida e frustrar o projeto planetário humano. Impõe-se, portanto, cuidado com a Terra, entendida como nossa Grande Mãe e Gaia, cuidado de seus ecossistemas, cuidado de suas águas, de seus solos, de seus ares, de sua integridade.

Somente assim viveremos como filhos e filhas queridos, em paz, como quem está em casa. A Carta da Terra, um dos documentos mais importantes do final do século XX, verdadeira ética salvacionista da vida, da Terra e da solidariedade de todos com todos, conclama dramaticamente: "As bases da segurança geral estão ameaçadas. A escolha é nossa: formar uma aliança global para cuidar da Terra e uns dos outros ou arriscar a nossa destruição e da diversidade da vida."

Precisamos cuidar, além disso, das *relações sociais* para que não sejam tão desiguais, injustas e destrutivas. Grande parte da humanidade vive como as ovelhas descritas pelo profeta Ezequiel e por Jesus, "dispersas por toda a extensão da Terra (do país), sem que ninguém pergunte por elas ou as procure" (Ez 34, 6; Jo 10, 12). O resultado é o surgimento de uma espantosa barbárie e uma ausência criminosa de solidariedade e de paz. Nunca os seres humanos, em sua história, se mostraram tão lobos uns para com os outros. Nunca houve tanta riqueza e, simultaneamente, nunca tanta miséria e injustiça.

Sem um pacto de cuidado de uns para com os outros, garantindo as condições para a paz, poderemos ir ao encontro do pior, à bifurcação da família humana. Uma parte, a opulenta, não reconhece mais a outra, a pobre, como semelhante, como se não pertencesse mais ao mesmo gênero humano.

A paz exige que cuidemos de nosso *corpo* em suas necessidades. Ele é mais que matéria, é energia estabilizada, o sopro concretizado e relacionado com todo o universo e com todos os demais que com ele compartem a aventura da vida. Para que haja paz precisamos cuidar que o corpo tenha uma alimentação suficiente para todos, que ele possa respirar um ar puro, beber uma água pura e pisar um solo não-envenenado. Cuidar do corpo é cuidar do sopro que o habita para que possa se alegrar em viver, irradiar e enfrentar sua mortalidade com serenidade e leveza.

A paz demanda que cuidemos da *mente* humana. Ela é habitada por visões, paixões, emoções e idéias, muitas vezes em conflito consigo mesmas, desestruturando por dentro o ser humano. Se perde os pontos referenciais, fica impedida de estabelecer uma relação minimamente humana para com os outros.

Nas sociedades complexas de hoje assistimos a uma guerra pela conquista da mente dos outros. Especialmente o sistema do capital e do mercado consegue, mediante a propaganda subliminar, penetrar nas profundezas da mente humana, influenciar o modo de viver, elaborar as emoções para que as subjetividades se ajustem à cultura dominante materialista e consumista. Assim se faz crer às pessoas que a vida não vale a pena se não tiverem acesso a símbolos de status. Desta forma se fabrica intencionalmente o homem unidimensional, adequado aos interesses do sistema. E isso é feito de forma sutil, suscitando impulsos naturais (de sucesso, de auto-afirmação, de consumo), mas intencionalmente realizando-os de forma empobrecida e redutora, ou simplesmente ocultando outros impulsos importantes como o sentimento de solidariedade e compaixão, disfuncionais a um *ethos* consumista. Erotizam-se quase todos os produtos e banaliza-se a sexualidade como mera descarga de uma tensão vital, em vez de ser vivida como uma dimensão globalizante do humano, como expressão de ternura e de amor entre pessoas diferentes.

A revolução tecnológica, especialmente da informática, da computação e da Internet, invadiu a psique com objetos inanimados, privando-a do contato vivo com as pessoas, e sem tonalidade afetiva. Esses artefatos criam solidão e personalidades áridas e emotivamente fragmentadas, por vezes hostis e anti-sociais. Com isso, oculta-se outra dimensão fundamental do ser humano, o desejo de ser, de plasmar sua própria vida e destino, mesmo quando esta diligência exige coragem e distanciamento crítico dos sistemas de regulação social, moral e religiosa. Mas é nessa atitude que o ser humano se torna livre e criativo, se torna mais humano.

Cuidar da mente é trabalhar para que haja um centro, um eu profundo, ao redor do qual se possam organizar os movimentos da psique com liberdade e criatividade. Cuidar da mente é reforçar as energias psíquicas positivas, como a cooperação, a amizade, a honradez, o amor e a compaixão, para estar à altura dos desafios postos pelo peso da existência e pelas contradições de nossa cultura tão empobrecedora.

Por fim, a paz nasce do cuidado com o *espírito*. Espírito é o modo de existir do ser humano enquanto autoconsciente e capaz de colocar questões que só ele pode suscitar: de onde venho, para onde vou, quem criou e sustenta o universo, que posso esperar para além da vida? Só o ser humano pode se encher de reverência e respeito diante de um céu profundo, maravilhar-se diante do enamoramento e do amor, descobrir sentidos na vida e na história, e criar símbolos que expressam sua interioridade.

Ao responder a essas questões, o ser humano encontra-se com a realidade de Deus, a Fonte Originária de todo ser, o Sentido Supremo de todas as buscas. Com Ele pode relacionar-se pela oração e pela meditação. Escuta em sua consciência os apelos de bondade, de solidariedade e de compaixão. Pode entregar-se a Deus em absoluta confiança, como fez o autor do salmo 23.

Os mestres espirituais de todos os tempos confirmam a experiência que cada um faz a partir de um determinado tempo de sua vida: sem cuidar e cultivar esse espaço de Deus o ser humano se sente vazio, sozinho e de certa forma perdido. Ao contrário, quando se abre a Ele, percebe-se acompanhado, como se caminhasse na palma de sua mão.

Só então vive uma dimensão de paz que ninguém pode ameaçar ou tirar. De fato, com Deus, "nada lhe falta". Tendo Deus, tem paz e serenidade, e pode enfrentar jovialmente a morte como passagem para o grande encontro com Ele.

A partir de Deus ganhamos força para viver em justiça e para cuidar da Terra, da sociedade, da integralidade do mistério humano, em seu corpo, em sua mente e em seu espírito. E então repousamos em Deus, como ovelhas repousam em verdes pastagens.

Chegou a hora bem-aventurada!
A angústia e a tristeza foram embora
Como em disparada.
E o Mistério veio para fora,
Abrindo clareira e estrada.
Não há mais tempo, só o agora.

Mistério tocado e sentido
Mistério mirado e admirado
Mistério aberto e contido
Mistério escuro e iluminado
Mistério conhecido e desconhecido
Mistério oferecido e comungado.

Enfim, o Mistério sem as humanas imagens.
Aqui estão a Fonte, o Kundalini recolhido,
As águas borbulhantes e as verdes pastagens.

Foi então que mergulhei no abismo.
O que era desejo agora é vigor
O que era impulso agora é dinamismo
O que era paixão agora é amor
O que era visceral agora é misticismo
O que eram dois agora é um, sem mediador.

Puro movimento de ir e de vir
Jogo de sair e de entrar
E de novo entrar e sair.
Num ser penetrado e penetrar
Num fundo sem fundo que perdura
No acoplamento da chave com a fechadura.

E depois deste intenso viver
O Mistério ficou mistério
Em todo sentir e conhecer.

Por isso tudo recomeça ab ovo
Buscando o insaciável horizonte
Que se afasta sempre de novo.
Entre o espaço e o tempo não há ponte
Só o abraço do novo com o novo
No eterno esponsal com a Fonte.

Tudo se centra e se transfigura
Mudando o estado da mente.
A alegria, a dor e a amargura
Nem sequer deixam semente.
Tudo muda de figura
Deus, o mundo e a gente.

Eis a vida inteira e unificada,
Sem espaço-tempo, toda pura
Absorta no Todo e no Nada.

Conduz-me até fontes repousantes

Símbolo tão poderoso quanto o das pastagens verdejantes é o das fontes repousantes. As ovelhas, como as pessoas, podem eventualmente passar fome. Mas não toleram a sede sem definhar e morrer. Por isso, em toda a Palestina e Israel de hoje, o bem mais precioso, base para todos os demais bens, é a água doce e as fontes. A palavra hebraica para fonte é *en*. Todos os nomes que levam o *en* são lugares onde há uma fonte de água viva, como En-Gadi, En-Ganim, En-Dor, En-Harod, En-Hacoré, En-Karen e outros.

Os pastores conhecem cada fonte, o caminho e o tempo necessário para alcançá-la. Caso contrário, põem em risco a vida das ovelhas. O profeta Isaías, falando da volta dos exilados da Babilônia, se refere aos cuidados de Javé-pastor: "Os que saíam pastarão ao longo das estradas, encontrarão pastagens em todas as colinas. Não passarão fome nem sede, nem os castigará o vento calcinante ou o sol tórrido, pois o Misericordioso os guiará, conduzindo-os a fontes de água... O Senhor consolou seu povo e se compadeceu de seus pobres" (Is 49, 10.13). Função do pastor, como vimos, é conduzir e cuidar das ovelhas de forma segura e prudente.

O que significa "fontes repousantes"?

Alguns intérpretes traduzem assim "fontes repousantes": "lugar de repouso onde há fontes de água". Esta tradução não é incorreta. Mas ela perde ressonâncias bíblicas muito ricas ligadas à palavra "repouso" (*menûhah,* em hebraico).

O termo "repouso" evoca outro, de fundamental importância para todo o pensar bíblico e para uma das utopias centrais do judaísmo: *shalom*. *Shalom* envolve um complexo de significados que incluem paz político-social, prosperidade material, serenidade de coração e alegria pela intimidade com Deus.

A "paz" hebraica inclui, pois, a dimensão humana e divina: é dom de Deus e simultaneamente o dom de uma conquista pessoal ou coletiva. Assim, Salomão ao enviar uma mensagem a Hiram, rei de Tiro, de quem encomendou os materiais para a construção do templo, disse: "O Senhor meu Deus me concedeu *repouso* em toda a minha volta, já não tenho adversários nem problemas graves" (1 Rs 5, 18). Esse repouso é o que, concretamente, significa *shalom*, envolvendo várias dimensões da vida e conferindo-lhe excelência. Deus está aí incluído como a dimensão articuladora de tudo. Com razão diz o salmista: "Os que se afastam de Deus não conhecerão o meu repouso" (Sl 95, 11; 132, 8.14) quer dizer não gozarão do *shalom* com tudo o que ele encerra.

Chamar as fontes de "repousantes" é insinuar um significado que ultrapassa o sentido material da fonte e da água que apenas mata a sede. Essa água simboliza a vida em plenitude, vivida sem ameaças de guerra, em paz com os vizinhos e com relações justas entre os membros do povo eleito e em amizade e fidelidade para com Deus. Dessa água fala Jesus no seu encontro com a samaritana: "Quem beber da água que eu lhe der jamais terá sede; a água que eu lhe der será nele uma fonte que jorra para a vida eterna" (Jo 4, 14).

Água: bem natural, vital e insubstituível

Para nós, hoje, falar em "fontes repousantes" remete ao problema fundamental da humanidade, ao problema da água potável. Ela se transformou no bem natural mais escasso, mais que o petróleo, o ouro ou o urânio. Pois 97,5% de todas as águas encontram-se nos mares e oceanos. Dos 2,5% das águas doces, mais de 2/3 encontram-se nas calotas polares e geleiras no topo das montanhas (68,9%) e quase todo o restante (29,9%) são águas dos aqüíferos, subterrâneas. Sobram 0,9% nos pântanos e apenas 0,3% nos rios e lagos. Destes míseros 0,3% de água doce, 70% se destinam à agricultura de irrigação, 20% às indústrias e somente 10% ao consumo humano e dos demais seres vivos. Quarenta por cento da humanidade já sofrem grave falta de água.

Uso de detergentes não-biodegradáveis, esgotos não-tratados, emprego abusivo de agrotóxicos que poluem rios e lençóis freáticos, efluentes industriais despejados diretamente nos cursos d'água, lixo lançado nos córregos ou carregado pelas enxurradas de verão ameaçam os rios de doença e até de morte, comprometendo a frágil e complexa cadeia de reprodução da vida. Não é de admirar que 80% das doenças no mundo se devam a águas contaminadas.

A crise da água é tão grave que muitos prevêem para os próximos anos guerras de grande devastação para garantir acesso às fontes de água potável. Daí se entende a corrida para a privatização da água. Quem controla a água controla a vida.

O grande debate hoje se trava nestes termos: a água é fonte de vida ou fonte de lucro? A água é um bem natural, vital e insubstituível, ou um bem econômico a ser tratado como recurso hídrico e como mercadoria para negócios?

A água não pode ser vista como mercadoria. Ela está tão ligada ao equilíbrio da Terra, entendida como planeta vivo, Gaia, e é tão vital, que se confunde com a própria vida. Não conhecemos vida que não se relacione com a água como um alimento insubstituível. Por isso, importa cultivar, em face da questão da água, uma ética do cuidado, da responsabilidade e da solidariedade coletiva. Caso contrário, comprometemos o futuro da vida em suas muitas formas.

Ao rezarmos o salmo 23 no contexto de nossa realidade

mundial, e ao confiarmos que o "bom pastor nos conduz até fontes repousantes", demonstramos nossa fé na certeza de que Ele está garantindo as condições de vida e de saúde não apenas para nós humanos, mas para todos os demais seres vivos da criação, nossos companheiros na comunidade de vida. Reafirmamos nossa fé de que Ele está assegurando o alimento principal para as plantas, os cereais e os legumes que nos sustentam. Mas Deus não tem outras mãos que não sejam as nossas. Por isso, a intervenção divina passa pelas políticas humanas que encontram de forma responsável e solidária uma solução para a escassez de água potável para toda a humanidade e para a inteira comunidade de vida.

É em Ti que penso, Mãe querida
Quando acordo de madrugada.
Tua presença imerecida
Me inunda a alma, fria e cansada.

Que queres de mim, Mãe bendita?
É o que pergunto ano após ano.
Minha alma irrequieta e aflita
Suplica: revela enfim o arcano!

Fica comigo, Mãe amada,
Só um pouco, para aquecer
Esta vida atormentada.

Fica, fica, Mãe bondosa
Até o dia amanhecer...
Oh que noite luminosa!

E repara minhas forças

O efeito final dos cuidados do bom pastor garantindo pastagens verdejantes e fontes repousantes para as ovelhas é a revitalização da vida. As energias gastas são refeitas e cresce a coragem para continuar a caminhada pelo deserto, com as agruras e riscos que ela comporta.

Vamos ultrapassar a metáfora e nos concentrar naquilo que ela existencialmente quer significar. Não esqueçamos: não somos ovelhas, mas seres humanos. Estamos peregrinando por esta vida com esperanças e medos, abismos e cumes, com riscos de perseguição e morte, e confiantes na proteção e libertação.

Entregar-se a um Maior

Somos dotados de forças para enfrentar as adversidades e afirmar nossa vida. Mas quantas vezes, ao caminhar, nos damos conta de que não bastam essas forças. Fazemos nossas as palavras do salmo 107: somos como aqueles que "erravam na solidão do deserto, sem encontrar caminho para alguma cidade habitada, passavam tanta fome e sede, que a vida se lhes esvaía... então, na angústia, gritaram ao Senhor, e ele os livrou das tribulações: guiou-os por caminho seguro" (4-7). É nesses momentos que temos que confiar em um Maior. Esse Maior é o próprio Deus, a Energia Suprema que move o céu, a Terra e os nossos corações. Ele se revela com as virtudes do pastor e do hospedeiro: guia-nos, cuida de nós e faz-se companheiro na aventura; na perseguição, nos acolhe como a um hóspede, nos dá guarida e nos atende em tudo de que precisamos. Tendo Deus, temos tudo, "nada nos falta".

Necessidades humanas e cuidado divino

O ser humano é, por natureza, um ser de muitas carências. Precisa de forças e motivações para atendê-las e assim poder continuar a viver, não miseravelmente, mas com qualidade e buscando a excelência das condições. Atrás de cada necessidade se esconde um desejo e um medo: desejo de poder satisfazê-la da forma mais satisfatória possível e o medo de não consegui-lo e, então, sofrer. Num contexto assim, de esperança e de medo, faz-se presente o pastor e hospedeiro, como fonte secreta de esperança e de superação do medo.

Mestres das mais diferentes tradições do Oriente e do Ocidente, como os do vedanta, do budismo, do judeu-cristianismo, da psicologia humanista e da filosofia da existência, convergem mais ou menos na identificação das seguintes necessidades fundamentais do ser humano:

Temos *necessidades fisiológicas:* numa palavra, precisamos comer, beber e nos vestir. Grande parte do tempo é empenhada em atender tais necessidades. A grande maioria da humanidade a satisfaz de forma precária, ou por falta de trabalho ou porque a solidariedade e a compaixão entre os humanos são bens cada vez mais escassos. Pedir a Deus o pão de cada dia é o conteúdo primeiro da oração, como o Pai-Nosso de Jesus, porque, notoriamente, a fome não pode esperar.

Não pedimos a Deus que a cada dia faça milagres e assim dispense o trabalho humano. Pedimos que os climas e a fertilidade dos solos sejam favoráveis e a cooperação entre os seres humanos na produção e distribuição dos alimentos aconteça. Só então exorcizamos o medo e temos esperança de relativa tranqüilidade.

Temos, além disso, *necessidade de segurança:* podemos

adoecer e sucumbir a riscos que nos tiram a vida. Esses riscos podem provir da natureza, das tempestades, dos raios, das secas prolongadas, dos deslizamentos de terra, de todo tipo de acidentes, especialmente na vida urbana. Podem provir, principalmente, do próprio ser humano, que tem dentro de si tanto o dinamismo da cooperação quanto o da competição, que não é apenas um ser de sapiência *(homo sapiens sapiens)*, capaz de razão, de autocontenção e de convivência, mas é simultaneamente um ser de demência *(homo demens demens)*, capaz de ódio, agressão e eliminação do outro. Tudo isso nos produz medo. E temos esperança de contorná-lo. O fato de termos, ao longo da história, procurado as cavernas como abrigo e depois construído casas de todo tipo mostra nossa busca de segurança.

Nunca controlamos todos os fatores. Sempre podemos ser vítimas, inocentes ou culpadas. E é então que gritamos para Deus, não que nos tire da beira do abismo, mas que nos dê coragem para evitá-lo, para que crie condições que nos permitam escapar dos riscos e sobreviver.

Temos, em terceiro lugar, *necessidade de pertença:* somos seres societários. Não estamos largados no mundo. Pertencemos a uma família, a uma etnia, a um determinado lugar, a um país, ao planeta Terra. O que torna penoso o sofrimento é a solidão, é não poder contar com o ombro amigo e a mão acolhedora. Como nascemos sob o cuidado da mãe que nos segurou nos braços, queremos morrer segurando a mão de quem está próximo de nós ou nos ama.

Na solidão, no fundo do abismo existencial, como falam tantos salmos, clamamos a Deus. E sabemos que Ele nos atende porque é sensível à voz de seus filhos e filhas e sente o pulsar amedrontado de nosso coração. Ser reduzido à solidão é ser condenado ao inferno existencial, à ausência de qualquer comunhão, ao afastamento total de Deus. Por isso, importa garantir o sentimento de pertença a esse mundo, ao nosso grupo e, no termo, a Deus, nosso Pai e nossa Mãe de infinita ternura e bondade.

Em quarto lugar, temos *necessidade de auto-estima.* Não basta existirmos. Precisamos que nossa existência seja acolhida, que alguém, por palavras e atos, diga: "Seja bem-vindo ao nosso meio, você é importante para nós." A angústia maior não está ligada ao medo da doença, mas ao medo da rejeição pelo grupo. A rejeição nos nega e nos faz ter, ainda vivos, uma experiência de morte. Precisamos, pois, ser reconhecidos como pessoas nas nossas diferenças e singularidades, reforçados em nossa dimensão luminosa e compreendidos em nossa dimensão sombria. Caso contrário, somos como uma planta que, por falta de nutrientes, vai mirrando até morrer.

A não realização da *necessidade de auto-estima* representa uma verdadeira tragédia para a maioria das pessoas. Nem nome têm, só apelido; são consideradas um número na massa, zeros econômicos e sociais, peso morto da história. E como é importante quando o céu de nosso coração se abre como se abriu sobre Jesus e uma voz diz: "Tu és meu filho amado, minha filha querida. Como me alegro com a tua existência." Pois foi assim que o Espírito falou sobre Jesus e fala sobre cada um de nós, seus irmãos e irmãs. Nesse momento temos mil razões para nos sentirmos valorizados e reparados em nossas forças. Podemos caminhar com esperança e sem medo.

Por fim, temos *necessidade de auto-realização.* O grande desafio do ser humano é poder realizar-se, é tornar-se humano. O que é o humano do ser humano? Não sabemos exatamente, pois é extremamente complexa a existência humana. Na verdade, somos um mistério indecifrável. Não é que nada saibamos do humano. Ao contrário, quanto mais o conhecemos, mais se alargam as dimensões daquilo que somos e que desafiam o conhecimento.

Nós nos descobrimos como seres de abertura ao outro, ao mundo e ao Todo. Nunca é demais repetir: somos seres de desejo ilimitado. Por mais que busquemos o objeto que sacie nosso desejo, não o encontramos entre os que estão à nossa volta. Desejamos o Ser essencial e topamos apenas com entes passageiros. Como, então, conseguirmos nossa auto-realização se nos percebemos como um projeto infinito?

É nesse afã que emerge na nossa experiência a realidade de Deus, Aquele que é, o Ser essencial, a Fonte Originária de todos os entes e de toda a vida. Só Ele apresenta as características do Infinito, adequadas ao nosso projeto infinito. Auto-realizar-se, portanto, implica envolver-se com Deus. Envolver-se com Deus é despertar a espiritualidde em nós, aquela capacidade de sentir Deus em cada realidade e em cada circunstância. É poder ver na onda o mar, e na gota d'água, a imensidão do Amazonas. Espiritualidade é sentir a fome e a sede de um derradeiro Sentido, é a ânsia de um último aconchego onde podemos repousar, onde morrem todos os medos e descansa nossa esperança.

Enquanto não elaboramos esse centro na profundidade de nosso ser, nos sentimos sempre na pré-história de nós mesmos, seres inteiros mas inacabados e, no termo, frustrados.

Ao entrarmos em comunhão com Deus pela oração, pela meditação, pela entrega silenciosa e incondicional, abrimos um manancial de energias incomparável e insubstituível. O efeito é a pura alegria, a leveza da vida, a bem-aventurança possível aos peregrinos.

Deus, eu Te encontrei novamente!
Até as lágrimas, em puro estremecimento!
Tu és o fascinante presente
Embora sempre tremendo.
Sim, Tu és meu nesse momento.

Viver só para Ti, de Ti e Contigo!
Como antigamente, dia a dia.
Contigo sonhava e me perdia,
Saía de mim para ser um Contigo!

Enfim cheguei ao lar materno,
Repleto de toda sorte!
O que der e vier é eterno
É amor de Mãe, na vida e na morte.

Guia-me por caminhos seguros

A tradução literal e predominante do hebraico diz: "Guia-me pelos caminhos da justiça." Aqui temos a ver com um modismo, próprio da língua hebraica. Não há, num primeiro plano, uma conotação ética (justiça), mas simplesmente uma referência objetiva: "Guia-me pelos caminhos que levam diretamente à meta." Portanto, guia-me por caminhos verdadeiros, certos e seguros. Não basta que sejam verdadeiros e certos. Pois muitos deles podem encerrar riscos que acabarão impedindo a chegada ao objetivo. Os caminhos devem ser também seguros para garantir que a meta seja alcançada. Por isso, preferimos a formulação: "Guia-me por caminhos seguros." Fazer isso é obra do bom pastor.

Mesmo assim, num nível mais profundo, a expressão "justiça" faz ressoar uma perspectiva ética presente em muitos salmos, especialmente no primeiro. Trata-se dos dois caminhos propostos ao ser humano: o dos justos e o dos ímpios (Sl 1, 6). Quem opta pelo caminho dos justos, "prospera em tudo o que empreende" (Sl 1, 4), ao passo que o caminho dos ímpios "leva à perdição" (Sl 1, 6).

O sentido literal e o ético se complementam: Deus conduz-nos pelos caminhos verdadeiros, certos e seguros. Assumindo-os, realizamos a vontade de Deus, e então florescerá a justiça e a retidão de vida.

O arquétipo do caminho

O caminho constitui um dos arquétipos mais arcaicos da psique humana. O ser humano guarda a memória de todo o caminho perseguido pelos bilhões de anos do processo de evolução. Especialmente guarda a memória de quando nossos antepassados emergiram: o ramo dos vertebrados, a classe dos mamíferos, a ordem dos primatas, a família dos homínidas, o gênero homo, a espécie *sapiens/demens* dos dias atuais. Por causa dessa incomensurável memória, o caminho humano apresenta-se tão complexo e por vezes indecifrável. No caminho de cada ser humano trabalham sempre milhões e milhões de anos de caminhos passados que nele se atualizam e se prolongam. A tarefa de cada um é fazer o seu caminho, de tal forma que melhore e aprofunde o caminho recebido, distorça o torto e o legue aos futuros caminhantes enriquecido com sua marca pessoal.

Sempre o caminho foi e continua sendo uma experiência de rumo que indica a meta e, simultaneamente, o meio pelo qual se alcança a meta. Sem caminho nos sentimos perdidos, interior e exteriormente. Mergulhamos na escuridão e na confusão.

Cada ser humano é um *homo viator*, é um caminhante. Como diz o poeta cantante indígena argentino Atahulpa Yupanki, "o ser humano é a Terra que caminha". Não recebemos a existência pronta. Devemos construí-la. E para isso importa abrir um caminho a partir e para além dos caminhos andados que nos antecederam. Mesmo assim, o nosso caminho pessoal e particular nunca nos é dado de uma vez por todas. Tem que ser rasgado com criatividade e destemor. Como diz o poeta espanhol Antonio Machado: "Caminhante, não há caminho, o caminho se faz caminhando."

Efetivamente, estamos sempre a caminho de nós mesmos. Fundamentalmente, ou nos realizamos ou nos perdemos. Por isso, há basicamente dois caminhos: o caminho do bem e o caminho do mal, o caminho da luz e o caminho das trevas, o caminho da justiça e o caminho da perversidade, o caminho do amor e o caminho do ódio, o caminho da paz e o caminho do conflito. Numa palavra: ou o caminho que leva a Deus ou o caminho que nos leva à perdição.

Mas prestemos a atenção: a condição humana concreta é sempre a coexistência dos dois caminhos. O bem e o mal atravessam nosso coração. Por isso, quando falamos de caminho, trata-se sempre de uma opção fundamental por um deles, por aquele que marca o rumo decisivo da vida sem contudo conseguir anular a presença do outro. Mas é essa opção fundamental que garante o caráter de bondade ou de perversidade básica de nossa orientação, com os atos concretos correspondentes que lhe dão corpo na história.

Os caminhos espirituais

As religiões, as tradições espirituais e as filosofias de vida sempre se apresentam como caminhos. Todo o Antigo Testamento, que preferimos chamar de Primeiro Testamento, pretende testemunhar o "caminho de Deus" ou "caminho do Senhor", quer dizer, a maneira como Deus age para com a humanidade, buscando uma aliança de amor. E simultaneamente o "caminho de Deus" ou "do Senhor" é a atitude e o comportamento que Deus aponta e espera do ser humano, também de aliança de amor e de entrega confiante. Daí decorre a preocupação freqüente do povo, dos fiéis, dos reis e dos profetas diante de conjunturas concretas: qual é o caminho do Senhor? Identificar este caminho, apesar de toda a obscuridade, e trilhá-lo com destemor é encontrar a paz de Deus, é viver na bem-aventurança, é estar seguro da comunhão eterna.

No Segundo Testamento, por mais que critiquem Jesus, os fariseus reconhecem que ele "ensina com franqueza o caminho de Deus" (Mt 22, 16). Mais ainda, ele ousa dizer "Eu sou o caminho que leva ao Pai" (Jo 14, 5). O próprio cristianismo, nos Atos dos Apóstolos, era chamado simplesmente de "caminho" (At 9, 2; 18, 26; 19, 9.23; 22, 4; 24, 14.22).

Uma das maiores contribuições espirituais da humanidade é, indubitavelmente, o taoísmo, que vem da palavra Tao.

Consoante a grafia chinesa, *Tao* significa simplesmente "caminho". É o conceito-base da obra de Lao-tze *(Tao-te-king)* e de Chuang-tzu *(A via de Chuang-tzu)*. Para a mentalidade chinesa, o "Tao-caminho possui inúmeras ressonâncias que desdobram o sentido de caminho. Pode significar também o comportamento humano, ou a doutrina que inspira o comportamento, ou ainda a energia que faz surgir o caminho, o comportamento e a doutrina. Para Lao-tze e Chuang-tzu, o Tao é a Energia primordial, sempre presente e inesgotável, da qual tudo vem, que subjaz a todos os processos e para a qual tudo regressa. Dá origem a todas as palavras e a todos os silêncios, a todas as compreensões e a todos os mistérios. Por isso, essa Energia (Tao) nunca pode ser compreendida e nomeada adequadamente. Ela se dá com a mesma generosidade tanto no pequeno quanto no grande e se retrai em cada manifestação.

"Carregar água ou rachar lenha, nisso consiste o maravilhoso Tao", diz um aforismo do taoísmo. O desafio humano consiste em criar vazio dentro de si, de tal forma que o Tao possa ocupar todos os espaços e permitir que a pessoa se identifique com ele. Irrompe então o estado do nirvana, da perfeita comunhão e do eterno repouso dinâmico, chamado de *satori* ou nirvana.

O taoísmo como caminho se subdivide em dois grandes subcaminhos: o assim chamado "caminho da realização da verdade" *(ch'uan-che tao)* que enfatiza a meditação a partir das realidades cotidianas e busca unir-se ao Tao que está aí plenamente presente. O outro, o "caminho da perfeita unidade", *(cheg-I tao)* que por meio de ritos, bênçãos e amuletos procura purificar a realidade circundante, superando as rupturas e os dualismos, resgatando assim a unidade originária de todas as coisas e integrando os seres humanos por dentro. Existe ainda mais recentemente o "caminho da perfeita paz" *(t'ai'p'ing tao)*, que propõe a cura integral do ser humano mediante a força terapêutica dos elementos naturais, unida à da retidão pessoal, pois toda injustiça e má intenção são fontes de doenças.

Como falamos do taoísmo como caminho, poderíamos nos referir às religiões afro-americanas como caminhos espirituais, carregadas de espírito (axé), que conduzem as pessoas à integração com elas mesmas, com a natureza e com a suprema divindade (Olorum).

Quais são os caminhos seguros

Quais são os principais caminhos pelos quais Deus-pastor nos conduz e, de forma segura, nos levam à meta? Vamos acenar com alguns apenas.

O primeiro caminho é a *consciência pessoal*. Os bispos do mundo inteiro, reunidos em concílio em Roma, em 1965, com o Papa Paulo VI, escreveram com acerto: "A consciência é o núcleo secretíssimo e o sacrário onde o ser humano está sozinho com Deus e onde ressoa Sua voz" (Constituição Pastoral, Gaudium et Spes, nº 248). De fato, todos nós escutamos uma voz interior, nas várias circunstâncias da vida, nos aconselhando a fazer o bem e a evitar o mal. É Deus nos falando. Essa voz num ponto é clara quando diz: "Não faça ao outro o que não queres que façam a ti."

Ninguém gosta de ser enganado, de sofrer violência e ver suas coisas destruídas. Portanto, não faça isso ao outro. Traduzindo para os dias atuais: "não engane seu cliente nos negócios", "não destrua a imagem do outro para ter vantagens pessoais", "não sonegue impostos para aumentar seu lucro", "não utilize a Internet para propalar falsidades contra alguém ou contra um partido político adversário", "não humilhe uma nação mais fraca, não explore seu petróleo e suas águas, não lhe faça uma guerra devastadora que ceifa inocentes e destrói a infra-estrutura das cidades". Se os chefes de estado poderosos tivessem seguido essa lei áurea, não teriam que assistir, impotentes, a atentados que dizimam inocentes, tornam inseguro todo um povo e provocam a espiral da violência sem fim.

As situações da vida são complexas. Nem sempre a voz da consciência é clara. E nós podemos nos enganar. Como agir? Sempre vale: siga a tua consciência, mas procure esclarecê-la. E a esclarecemos conversando com pessoas, especialmente as mais equilibradas e sábias, buscando o bom senso e a justa medida, ouvindo as orientações das religiões, das Igrejas e de outras fontes de sentido e de valor que existem na sociedade. Só então podemos tomar nossa decisão e nos responsabilizarmos por ela.

Mesmo assim, em nossa busca não estamos livres de equívocos e erros. Mas como o disseram os bispos em Roma, "mesmo errônea, a consciência jamais perde sua dignidade". O que jamais nos é permitido é mentir a nós mesmos, agindo contra a consciência ou seguindo uma norma, por mais sagrada que seja a fonte de onde provém (da religião ou do Papa), que vá contra a nossa voz interior. Aí estaríamos sendo infiéis não apenas a nós mesmos, mas também a Deus.

O decisivo é estarmos em paz com a nossa consciência e seguros de que o caminho é de Deus. Ele pode fazer curvas, subir e descer, beirar despenhadeiros, mas nos levará, com certeza, à meta desejada.

O segundo caminho seguro é *acolher o outro*. Sempre que o outro emerge à nossa frente surge a responsabilidade ética de acolhê-lo ou de rejeitá-lo. O outro provoca em nós os dois valores básicos sem os quais não há convivência humana: a justiça mínima e o amor.

A justiça implica considerar o outro um meu semelhante e fazer-lhe aquilo que eu gostaria que se fizesse a mim. Assim nos colocamos com ele sobre o mesmo chão, sem discriminação e exclusão. Somos diferentes porque um não é o outro. Mas não somos desiguais em nossa humanidade. O segundo valor é o amor. A voz da consciência nos fala novamente: "ama o outro como a ti mesmo". O outro nos obriga a sair de nós mesmos, a hospedá-lo, a estabelecer relações com ele, a trocar experiências e valores e a fazê-lo um aliado. É crença de todas as tradições da humanidade que Deus se esconde por trás de cada hóspede. No outro está o Grande Outro. Amando-o, estamos amando a Deus.

Sempre que rejeitamos o outro e nos encaramujamos em nós mesmos, nos empobrecemos, nos fazemos sectários, fanáticos e fundamentalistas, porque afirmamos apenas a nossa identidade, os nossos valores, e negamos todos os demais não reconhecendo os diferentes e a sua legitimidade de existir. Por aí não anda Deus nem pode ser encontrado.

O terceiro caminho é *servir e amar os necessitados*, os pobres, os famintos, os sedentos, os presos e os nus. Aqui se trata de um tipo de amor que se chama com-paixão tão bem afirmado nas Escrituras judaico-cristãs e mais ainda na tradição do budismo. Com-paixão não é ter pena dos outros, olhando-os de cima para baixo. É sofrer com quem sofre (ter a mesma paixão que o outro), é caminhar com quem caminha, é nunca deixar alguém sozinho em sua necessidade. Tanto o Livro dos Mortos egípcio quanto os evangelhos afirmam que em todos esses destituídos está presente a Divindade. O serviço e o amor a eles é amor e serviço ao próprio Deus.

Segundo a tradição profética, a bondade ou maldade de um governo se mede pela forma como ele trata os pobres, as viúvas e os penalizados pela vida. Se lhes dá centralidade, conta com as bênçãos de Deus. Caso contrário, o poder dos governantes é usurpação para servir a si mesmos, e eles são rejeitados por Deus.

Sempre, pois, que optamos pelos pobres e excluídos, mostrando sensibilidade para com eles, estamos no caminho certo e seguro no qual Deus caminha conosco.

Por fim, o *perdão* é o caminho seguro no qual estamos certos de que Deus caminha conosco. Todos ofendemos e somos ofendidos, pois é assim a nossa condição humana não ainda totalmente humanizada. Perdoar significa mostrar a capacidade de estar para além da ofensa e do mal que nos foram infligidos. Perdoar é um ato de coragem pelo qual não deixamos que a raiva, o rancor e o instinto de vingança tenham a última palavra. A última palavra que verdadeiramente reconcilia e lança pontes de resgate entre as partes é o perdão. Perdão e misericórdia constituem características da experiência judaico-cristã de Deus, Pai que tem características de Mãe, pois perdoa o filho pródigo (Lc 15), larga as cem ovelhas no redil e sai à procura da tresmalhada, alegrando-se sobremaneira quando a encontra (cf. Mt 18, 12). A capacidade de perdão é o grande teste de nossa maturidade espiritual e da incondicionalidade de nosso amor. Deus nos ama e nos perdoa sempre, porque Ele ama irrestritamente também "os ingratos e maus" (Lc 6, 35).

Quando rezamos "guiai-me pelos caminhos seguros", estamos suplicando a Deus que nos faça viver esses valores, nos dê a força de persegui-los continuamente e de pautarmos o nosso projeto de vida na inspiração desse caminho ético.

Sinto em mim um borbulhar estranho
Um vazio cheio de não sei quê.
É um sentimento grande, tamanho
Que pergunta sempre por quê?
É qualquer coisa alegre-triste
Que fora de mim não sei se existe.

Desespero com jeito de esperança,
Mentira travestida de verdade,
Esquecimento em trajes de lembrança
Marcado com palavras de saudade.
Uma ferida aberta sem sangrar
Uma dor que grita sem parar.

É um tribular que não conhece fim
É um querer e ao mesmo tempo não querer
É um não sussurando sempre sim.
É um coração fisgado e não doer.
É a felicidade esvaziada de sua graça
É a jóia em pedra dura e sem jaça.

Em meu peito carrego este mistério
Esta luta do ser e do não-ser.
Sede que não conhece refrigério
Fogo que queima sem doer.
"É o amor" dirá Camões muito sério,
"fogo que arde sem se ver."

Paulo, o apóstolo convertido
Aponta para a cruz.
Faz um caminho invertido
Para seguir Jesus.
Renuncia a tudo o que é seu
E diz: "é o espírito e a carne, o eu e o outro eu".

Como pede Sua missão

A tradução literal e convencional diz: "Por amor de seu nome." Esta é, novamente, uma maneira semita de ver e de dizer, atribuindo ao nome um significado todo especial.

O significado do "nome"

Para nós o nome pode ser bonito ou feio, mas raramente é carregado de magia e força. Para os semitas e em geral os povos originários, o nome significava a própria pessoa, na plenitude de sua força e de sua presença. Por isso o nome vem carregado de valor e significado, muitas vezes dado durante um rito comunitário.

Conhecer o nome de alguma coisa ou de uma pessoa significa, de certa maneira, conhecer-lhe a natureza ou as qualidades essenciais. Pronunciar o nome de Deus é torná-lo presente e efetivo entre nós. Como Deus comparece como a suprema Realidade, não se pode usar seu nome de qualquer forma. Daí o segundo mandamento prescrever: "Não usar o santo nome de Deus em vão."

A tradição judaica até os dias de hoje evita, por reverência e supremo respeito, pronunciar o nome de Javé. Ao invés de Javé, diz apenas o "nome" ou escreve apenas o tetragrama JHWH (Javé) sem as vogais.

Quando se diz que Deus conhece o nome de cada um isto significa que Ele vê nossa interioridade e sabe de nossa natureza e essência. Quando Jesus diz: "Revelei o teu nome às pessoas que me deste" (Jo 17, 6.26), quer dizer: "Eu, teu Filho,

Te fiz conhecer àqueles que Tu me levaste à fé e ao meu seguimento" (Cf. Jo 1, 18; 6, 37.44; 12, 45; 14, 7; Mt 11, 27).

Nome implica também uma missão e função. Javé, como já vimos, significa: "Eu sou Aquele que anda contigo", "Aquele que estará sempre no amanhã de tua vida". Portanto, a missão e a função de Deus é ser o Deus da caminhada de todo um povo e de cada pessoa, um Deus que garante o futuro. O nome imposto a Jesus é Emanuel, que significa: "o Deus conosco", e "Jesus" que quer dizer: "Javé é ou dá salvação". São nomes que concretizam a missão e a função de Jesus: ser o Deus encarnado em nossa condição humana (Emanuel) e o salvador universal.

Essas considerações esclarecem o sentido deste verso do salmo 23: "Por amor de seu nome." O nome que o salmista confere ao Senhor-Javé é pastor. Já sabemos: função e missão do pastor é conduzir, cuidar, participar do destino das ovelhas e garantir-lhes alimento e água. Se um pastor não faz isso, ele não é pastor, no máximo é mercenário, "a quem não importam as ovelhas" (Jo 10, 13). Portanto, o pastor deve "fazer honra ao seu título de pastor" ou deve agir "como pede sua missão de pastor". É o que Javé realiza para aquele que nele confia totalmente.

Por que confiamos no Pastor

Para nós, concretamente, qual o significado desse modo semita de se exprimir? O significado maior é nos dar as razões para confiarmos no Senhor-pastor. Não é a qualquer entidade anônima que confiamos nossa vida e seu destino. Mas é Àquele que criou o céu e a Terra e todas as coisas que existem, pequenas e grandes. É Àquele de cujo coração procedemos, que com olhar materno e paterno nos acompanha, que tem misericórdia de nossas falhas, equívocos e pecados. Nada escapa a esse Deus-pastor. O Maligno não lhe é um concorrente nem um oponente definitivo. Ele é o único Senhor. E é bom, somente bom, supremamente bom, bom para além de qualquer medida que pudermos imaginar. Num Ser assim podemos confiar irrestritamente. Podemos entregar tudo sem medo de fracasso ou de traição.

Hoje, a grande maioria dos que crêem não mostra esse tipo de entrega, porque não chegaram a conhecer e a fazer uma experiência radical de Deus-pastor. Cercam-se de um panteão de santos e santas fortes, orações poderosas e infalíveis, ritos a serem executados com absoluta exatidão, sacrifícios feitos por mais duros que sejam, medalhas e escapulários metidos nos bolsos e velas bentas, distribuídas por cada canto da casa.

Outros dependuram saquinhos de arroz do *feng shui* em pontos estratégicos da casa, cristais sobre as mesas, e pedras exóticas que presumem ser carregadas de energia cósmica são postas em lugares particularmente considerados energéticos.

É a fé em coisas e em realidades que mais ocultam do que revelam a presença de Deus. Tal prática configura uma mentalidade mágica que se caracteriza pelo fato de crer que as coisas possuem energia em si mesmas, independentes de Deus ou à margem do poder de Deus. Basta tocá-las ou tê-las próximas para produzirem um efeito benfazejo (*ex opere operato*), por elas mesmas, independentemente de nossa disposição interior e de sua relação com Deus.

Quem descobriu Deus e sua missão junto ao caminhar humano relativiza toda esta parafernália ritualística e devocional, porque sem Deus ela perde toda relevância. Seu valor é apenas sacramental e simbólico, à medida que não substitui Deus, mas O revela em sua transparência e O torna presente sob sinais e ritos, já que Deus, por natureza, não é representável e habita numa dimensão inalcançável por nossos sentidos corporais.

Não podemos identificar os símbolos de Deus com o próprio Deus, pois isso configura idolatria. A Deus nos acercamos por outro caminho, pela pureza de coração, pela transparência de nossas intenções e de nossos atos, pelos sentidos espirituais que O captam como Presença benfazeja nos acontecimentos cotidianos, como Entusiasmo santo, como Energia inspiradora, como Pastor que nos guia e nos conduz pelos caminhos e descaminhos da vida. Ele age conosco "como pede sua missão divina". Se Deus é por nós, quem contra nós (Rm 8, 31)? Efetivamente, sendo o Senhor meu Pastor, "nada me falta".

Essa visão torna mais livre e libertada nossa vida religiosa, porque centrada em Deus. Por que beber das águas paradas se podemos beber da Fonte? Nem por isso deixamos de ansiar por sinais que tornam Deus concreto e presente em nossa vida. Lembremos os versos inspirados de São João da Cruz, o místico ardente, em seu Cântico Espiritual, que aqui transcrevo:

"Onde é que Te escondeste,
Amado, e me deixaste com gemido?
Como o servo fugiste,
Havendo-me ferido.
Saí por aí clamando, e eras ido.
Pastores que subirdes
Além, pelas malhadas, ao Outeiro,
Se, porventura, virdes
Aquele a quem mais quero
Dizei-lhe que adoeço, peno e morro
Extingue os meus anseios
Porque ninguém os pode satisfazer
E vejam-Te os meus olhos,
Pois deles és a luz,
E para Ti somente os quero ter.
Mostra-me tua presença.
Mata-me tua vista e formosura
Olha que esta doença de amor não se cura
Senão com a presença e a figura"

Em face desses versos inspirados do místico São João da Cruz toda nossa poesia empalidece e se cala.

Ainda que devesse passar pelo vale da sombra da morte

O crepúsculo vai se anunciando e as ovelhas ingressam num vale escuro e sombrio, cheio de riscos. Agora o pastor, mais do que em qualquer outro momento, deve cumprir sua missão de dar segurança às ovelhas e garantir uma travessia feliz. Mas o vale que deve atravessar é o vale tenebroso ou o vale da sombra da morte.

O que significa o vale da sombra

Algumas traduções falam em "vale tenebroso", outras em "canhadas escuras". A liturgia da Igreja Católica e das Igrejas evangélicas, que usam este salmo nas exéquias, oferecem a seguinte versão: "Ainda que eu passe pelo vale da morte nenhum mal temerei."

Qual a versão mais correta? Aqui o recurso ao hebraico nos poderá ajudar. A palavra que se usa para tenebroso ou escuro ou morte é *salmawet.* Esta palavra parece ser, segundo alguns intérpretes (Ravasi, 441), a composição de duas outras: *selem,* que significa sombra, e *mawet,* que quer dizer morte.

Morte na Bíblia, especialmente nos salmos, deve ser entendida não apenas como o fim da vida, mas existencialmente como a experiência de crises profundas como grave risco de vida, perseguição feroz de inimigos, humilhação, exclusão e solidão devastadora. Fala-se então de descer aos infernos da condição humana.

Quando se diz nos textos bíblicos e no credo cristão que Jesus desceu aos infernos, não se quer expressar apenas o fato de que ele morreu realmente, mas que conheceu a solidão extrema e o absoluto abandono, até por parte de seu Pai (cf. Mc 15, 34). Ele passou, efetivamente, pelo vale da sombra da morte, pelo inferno da condição humana.

Resumindo, o vale de *mawet*, da sombra da morte, evoca todas estas ressonâncias, derivadas do risco que o vale sombrio e tenebroso objetivamente encerra. Trata-se então de uma situação sob terrível angústia, perseguição, doença e risco extremo de vida.

Se for assim, tem alto significado, então, a tradução que pre ferimos e se acerca da litúrgica das Igrejas: "Ainda que passasse pelo vale da sombra da morte não temo mal algum: Tu vais comigo".

"Viver é perigoso": o drama humano

Nosso grande romancista João Guimarães Rosa, em *Grande Sertão: Veredas,* bem observou: "Viver é perigoso." Nós nos sentimos expulsos do jardim do Éden. Estamos sempre em busca de um paraíso que foi perdido. Vivemos fazendo travessias arriscadas. Ameaças nos espreitam por todos os lados.

Por mais que nos esforcemos e as sociedades para isso se organizem, nunca podemos controlar todos os fatores de risco. Por isso, é dramática e, por vezes trágica, a travessia humana. No termo, quando se trata de assegurar nossa vida, somos forçados a nos confiar ao destino, à sorte e às pessoas religiosas, ao Deus-pastor. Não temos outra alternativa.

Grande dramaticidade representa o futuro da vida e da biosfera. Nunca é demais repetir que milhares de espécies estão desaparecendo por causa da cobiça e da incúria humana. O aquecimento crescente do planeta unido à escassez de água potável pode nos confrontar com uma crise dramática de alimentação. Milhões poderão se deslocar em busca da sobrevivência, ameaçando o já frágil equilíbrio político e social dos povos.

Aqui cabe invocar de novo o Pastor do universo, Aquele que tem poder sobre o curso dos ventos e das chuvas, para que crie situações oportunas e suscite o sentido da solidariedade e da responsabilidade nos povos e nos chefes das nações.

Poderíamos inventariar os muitos outros vales sombrios e infernais que nós, filhos e filhas de Adão e Eva decadentes, devemos enfrentar. Em tal contexto, como soa libertadora a mensagem do salmo 23: "Tu vais comigo." Não será necessário enumerar todos esses vales sombrios, porque eles pertencem às experiências óbvias que freqüentemente fazemos, seja no nível pessoal, familiar, comunitário, nacional ou hoje até mundial de que já tratamos neste livro.

Mas como nosso salmo 23 se concentra na dimensão pessoal, vamos contemplar uma travessia dolorosíssima que muitas pessoas são obrigadas a fazer. Refiro-me àquelas que sofrem uma injustiça manifesta, às que, sem razão, são espezinhadas e, o que é pior, fazem a experiência que os místicos, como São João da Cruz, chamam de "noite dos sentidos e do espírito", "noche oscura y terrible". Trata-se do padecimento do abandono, do silêncio e da experiência da morte de Deus.

Ninguém melhor expressou essa experiência trágica do que o salmo 44, um lamento do povo vencido diante de Deus e contra o próprio Deus. Esses versos, embora escritos há três mil anos, expressam nosso sentimento atual (9-27):

"Deus tem sido sempre nosso orgulho
E sempre Te daremos graças.
E agora, em troca, Tu nos rejeitaste e envergonhaste,
E nos fazes retroceder diante do inimigo.
Entregando-nos como ovelhas à matança e dispersando-nos
entre as nações.
Vendeste teu povo por preço vil
E nada lucraste com sua venda.

Tu nos expões aos ultrajes dos vizinhos, ao escárnio e à zombaria dos transeuntes.
Fazes de nós motejo dos que não têm fé, a ponto de os povos menearem a cabeça.
Todo dia, tenho diante de mim o vexame
E a vergonha me cobre o rosto.
Tenho que ouvir os gritos de insulto e de injúria do inimigo sedento de vingança.
Tudo isso nos acontece, sem que Te houvéssemos esquecido ou violado Tua aliança.
Sem que nosso coração voltasse atrás ou nossos passos se desviassem de Teu caminho.
Tu nos trituraste e esmagaste
E nos envolveste em mortalha de trevas.
Se tivéssemos esquecido o nome de nosso Deus,
E estendido as mãos a um deus estranho,
Acaso Deus não o teria percebido, Ele, que conhece os segredos do coração?
Por Tua causa somos trucidados, todo o dia.
Tratam-nos como ovelhas enviadas ao matadouro.
Desperta, Senhor! Por que dormes?
Acorda! Não nos rejeites para sempre!
Por que nos escondes Tua face
E esqueces nossa desgraça e opressão?
Nossa respiração se afoga no pó
E nosso corpo está colado ao chão.
Levanta-Te, Senhor, e socorre-nos.
Liberta-nos por Tua inquebrantável fidelidade."

Eis um testemunho comovedor da fé hebraica: nunca arredar o pé de Deus, mesmo que este Deus aparentemente tenha rompido a aliança e tenha deixado o povo ser humilhado e trucidado quando poderia tê-lo salvo e não o quis. "Mesmo que me mates, continuo a confiar em Ti!" Assim rezavam judeus enviados aos campos de extermínio nazista. Foi também a fé de Jesus na cruz que, num queixume doloroso, deixou escapar: "Meu Deus, meu Deus, por que me abandonaste?" (Mc 14, 34)

Esta fé como entrega incondicional supõe um total esvaziamento interior, uma renúncia a qualquer segurança, mesmo aquela apoiada em Deus, uma extrapolação completa de tudo aquilo que pudesse significar razão e sentido. Crê por pura decisão da liberdade. É a fé preciosa que deixou para trás a fé útil.

Viver tal fé significa, realmente, atravessar o vale da sombra da morte. Mas o prêmio desta coragem é supremo: o triunfo pleno da vida que os hebreus chamam de bem-aventurança, os da tradição do taoísmo, de nirvana, os da tradição do zen, de *satori*, e os cristãos, de ressurreição.

Onde estás, meu Deus e Mãe, onde?
Estou no inferno da solidão.
Veja teu Filho! Ele sim se esconde
Em nossa carne pela encarnação.

Transito por aqui e ali, subo e desço
Falo, falo e não sei senão falar.
Mas há silêncio em mim e desfaleço
Como palavras sem vida e sem ar.

Nada sinto, pouco entendo e algo ouço
De tudo aquilo que me dizem e que digo.
Estou preso e acorrentado em calabouço.

Faça teu Filho encarnar este mendigo
Para que se realize o que na fé eu ouço:
"Deves morrer para ressuscitar comigo."

Não temo mal algum: Tu estás comigo

Tudo no universo, no sistema da vida social e pessoal é relação. Não existem ilhas sem pontes. Todos os seres estão interconectados entre si, formando teias de interações em todas as direções. Estar fora da relação é estar fora da vida. O maior temor do ser humano é sentir-se isolado e excluído deste jogo de relações. Quando essa ameaça se desenha, surge amedrontador o espectro da morte com todos os seus fantasmas.

As ovelhas fizeram essa experiência ao atravessar o vale da sombra da morte. Mas, ao se saberem acompanhadas, tranqüilizam-se. Escutam, como em sussurro, a mensagem libertadora: "Eu estou contigo." E esse que assim fala é o próprio Senhor, Aquele que conhece todos os caminhos, o Pastor que chama cada ovelha pelo seu nome. Se estamos assim tão excelentemente acompanhados, por que temer? O "não temo mal algum" reforça o sentido do "nada me falta", porque a densidade de amor, de cuidado e de segurança faz desparecer o temor de que algo possa faltar ou acontecer. Agora, tudo está completo.

Banido o temor, vigora a liberdade, a leveza de espírito e a alegria de estar juntos, em verdes pastagens, à beira de fontes de águas borbulhantes, em casa.

Medo: inimigo da alegria de viver

O que destrói essa situação bem-aventurada é o medo. Hoje o mundo e as pessoas são assoladas pelo medo e até pelo pavor. É a conseqüência de um tipo de sociedade que se construiu nos últimos séculos assentada sobre a competição, sobre a vontade de acumulação de bens materiais e sobre o uso da violência como forma de resolver os problemas sociais.

A *competição* deve ser distinguida da emulação. *Emulação* é coisa boa, pois traz à tona o que há de melhor dentro de nós. A competição é problemática, pois significa a vitória do mais forte entre os contendores, derrotando todos os demais, gerando tensões, conflitos e guerras. Este, o mais forte, leva todas as vantagens e absorve ou elimina os mais fracos. Numa sociedade onde esta lógica se faz hegemônica não há paz, apenas acertos entre lobos para melhor devorarem as ovelhas. Vigora sempre o medo de perder, perder mercados, perder vantagens competitivas, perder lucros, perder o posto de trabalho, perder a vida.

A *vontade de acumulação* introduz também ansiedade e medo. A lógica que preside à vontade de acumulação é esta: quem não tem, quer ter; quem tem, quer ter mais, e quem tem mais, diz: nunca é suficiente. A vontade de acumulação só tem sentido se há consumidores. E só há consumidores se previamente existem, despertados, os desejos de possuir mais e mais. Ocorre que o desejo é sem limites e, no fundo, insaciável. O efeito final é novamente a ansiedade, o desassossego, o medo de não ter, de perder capacidade de consumo, de descer em status social, de empobrecer.

O uso da violência como forma de solucionar os problemas humanos se baseia na ilusão de que enfraquecendo o outro, humilhando-o e derrotando-o, conseguiremos fundar uma convivência pacífica. Mas um mal de raiz, como a violência, não pode ser fonte de um bem duradouro. Um fim pacífico demanda igualmente meios pacíficos. O ser humano pode perder, mas jamais tolera ser humilhado ou ferido em sua dignidade. Por isso, em tempos em que gestos civilizatórios ainda contavam socialmente se dizia: após a vitória há que se ter magnanimidade, devem-se curar as feridas de todos os contendores, vencidos ou vencedores. Caso contrário, as feridas não se fecham e sobra rancor e espírito de vingança, húmus alimentador de novos conflitos. Nunca se deve humilhar ninguém, para não se criar a espiral da violência.

A nossa sociedade de cunho ocidental, branca, machista e autoritária, escolheu o caminho da violência repressiva e agressiva para enfrentar conflitos suscitados pelo próprio sistema social e por outros que pertencem à condição humana pessoal, social e mundial. Por isso estamos sempre às voltas com guerras, cada vez mais devastadoras, com guerrilhas, cada vez mais sofisticadas, e com atentados, cada vez mais freqüentes. Por trás desses fatos existe um oceano de ódio, amargura e vontade de vingança. O medo paira como manto de trevas sobre as coletividades e sobre as pessoas individuais. Todos podemos ser vítimas da violência, nós mesmos ou nossos filhos e filhas, nossos amigos, nossos vizinhos, nossa cidade ou nosso país.

Essa situação objetivamente perversa destrói a alegria de viver e a tranqüilidade necessária para carregarmos o fardo sempre oneroso da existência humana. Ansiamos pela paz e pela concórdia como bens ligados diretamente à felicidade e à convivialidade social.

Cuidado: fonte de paz

O que invalida o medo e as seqüelas que ele produz é o cuidado de uns para com os outros. O cuidado constitui uma categoria fundamental para entendermos a vida e as relações entre todos os seres. Sem cuidado, a vida não nasce nem se reproduz. O cuidado é aquela predisposição que alimentamos para que nossos atos, quando realizados, sejam benfazejos, protetores da vida e das boas relações entre todos. Neste sentido, o cuidado é o encaminhador prévio dos comportamentos para que seus efeitos sejam bons e fortaleçam a convivência.

Cuidar de alguém é mais que administrar seus interesses, é envolver-se com a pessoa do outro, interessar-se pelo seu bem-estar, é sentir-se co-responsável por seu destino. Por isso, tudo o que amamos também cuidamos e tudo de que cuidamos também amamos.

Uma sociedade que se rege pelo cuidado, cuidado pela Casa Comum, a Terra, cuidado com os ecossistemas que garantem as condições da biosfera e de nossa vida, cuidado com a segurança alimentar de cada um dos seres humanos, cuidado com água doce, o bem mais escasso da natureza, cuidado com a saúde das pessoas, cuidado com relações sociais para que sejam participativas, eqüitativas, justas e pacíficas, cuidado com o ambiente espiritual da cultura para que todos possam vivenciar e acolher, sem maiores dramas, a doença, o envelhecimento e a travessia da morte, essa sociedade de cuidado gozará de paz e concórdia necessárias para a convivialidade humana.

"Tu estás comigo": a força da Presença

A ambiência de cuidado é potenciada quando pessoas e mesmo todo um povo desenvolvem a dimensão espiritual inerente à vida humana. Sabem que não estão jogadas sem qualquer propósito neste mundo. São acompanhadas por Deus. Sentem-se filhas e filhos do Pai maternal e da Mãe paternal. Receberam a missão de cuidar do planeta e completar, com sua criatividade, aquilo que Deus propositalmente deixou incompleto. Cabe a nós transformar a Terra num jardim do Éden ou num vale de lágrimas.

Quando se vive esta fé, perpassada de esperança e de amor, fazemos a mesma experiência que os hebreus fizeram, testemunhada pelas Sagradas Escrituras. Experimentaram a Deus como Javé ("Eu sou Aquele que sou"), como Aquele que acompanha o povo na caminhada, como Aquele que convoca para o futuro, como Aquele que é uma presença viva. Ele continuamente repete: "Eu estou contigo" ("Emanuel": Is 7, 14), "Não tenhas medo, pois estou contigo, não olhes apreensivo, pois eu sou teu Deus, eu te fortaleço sim, Eu te ajudo, sim, Eu te sustento na palma de Minha mão" (cf. Is 41, 10; 43.5; Sl 56, 12; 118, 6).

Sentir-se acompanhado assim, ancora o destino de um povo e de cada um no coração de Deus. Por mais que ocorram empecilhos, quedas e ascensões, o povo e cada um de seus membros serão sempre povo de Deus, seus filhos e filhas queridos, cujo significado último está inscrito em seus desígnios de amor.

Nossa vida pessoal ganha leveza e conserva, mesmo no meio de riscos e ameaças, serena jovialidade quando sentimos que jamais estamos sós. Deus caminha em nosso próprio caminhar. Ele se revela como pastor que cuida e como hospedeiro que acolhe. Pouco importa o que nos acontecer, acontece em seu amor. Ele sabe o caminho, e sabe bem certo.

Deixar que Deus se revele!
Que Ele se anuncie por si mesmo.
Que meu espírito sempre vele
Indo, vindo e andando a esmo.

Que a ânsia e a expectativa,
Não impeçam de auscultá-Lo com humildade.
E acolhê-Lo sob cada perspectiva
Com mente pura e com simplicidade.

Que prevaleça a gratuidade do Mistério
Sobre minha vontade de prendê-Lo.
Para que me traga o refrigério
De ser possuído por Ele ao perdê-Lo.

Teu bastão e Teu cajado me dão segurança

O pastor não usa armas. Apenas o bastão e o cajado que são instrumentos próprios para disciplinar e dar segurança às ovelhas.

O *bastão* é geralmente uma vara mais grossa e reta. Serve para acomodar as ovelhas em fila, para bater suavemente nos flancos daquelas que querem escapar ou mais duramente nas que estão se escorneando e devem ser separadas. Outras vezes cabe tocar com a ponta nos carneirinhos que saltitam fora do grupo e o pastor traz de volta. Se for necessário, pode servir de instrumento rudimentar de defesa contra assaltantes de rebanhos.

O *cajado* é uma vara mais fina, geralmente de junco, recurvada na ponta. O pastor a segura na mão e ela lhe serve de apoio enquanto caminha. O cajado é o símbolo, por excelência, do pastor. Até hoje os líderes religiosos cristãos, como o Papa e os bispos, o usam como símbolo de sua função pastoral. Com ele, o pastor guia o rebanho. Batendo o cajado cadenciadamente no chão, transmite o sinal de que está presente, seja na frente, seja no meio das ovelhas. Ao ouvir a batida, as ovelhas sabem que estão sendo acompanhadas e podem sentir-se seguras. Mais ainda, nas travessias perigosas do vale da sombra da morte, as batidas, acompanhadas da voz cantarolante do pastor, dão coragem e força às ovelhas para continuarem, não se atropelarem, não tropeçarem nas pedras soltas nem caírem nos buracos, e para caminharem com cuidado.

Este é o sentido objetivo das expressões bastão e cajado. Elas são suporte da metáfora da presença do pastor, seja corrigindo as ovelhas, seja dando-lhes a segurança necessária.

Mas devemos, por um momento, deixar a metáfora e nos perguntar pela realidade. Concretamente, como Deus nos disciplina e acompanha? Que tipo de segurança nos oferece?

O "bastão" de Deus em nossa vida

O sentido mais imediato de bastão é punitivo. Dão-se bastonadas usando as leis para castigar infratores e criminosos ou procurar endireitar situações distorcidas. O Primeiro Testamento está cheio de tais manifestações. O autor do livro das Lamentações, sobrevivente da destruição de Jerusalém em 586 a.C., diz: "Eu sou uma pessoa provada na aflição que sofreu sob o bastão da cólera de Deus" (Lm 3, 1). Jó, o mais castigado dos sofredores, suspira: "Que Deus afaste de mim o seu bastão para que eu não enlouqueça" (Jó 9, 34). Lemos em Isaías: "A Síria é a vara da minha ira, o bastão que está em sua mão é a minha cólera contra um povo ímpio" (Is 10, 5).

Há toda uma escola teológica e historiográfica, chamada "Deuteronomista", que reescreveu a história de Israel, especialmente considerando os líderes carismáticos (juízes) e os reis até o exílio babilônico (586 a.C) na seguinte chave de leitura: aliança-ruptura da aliança-castigo-conversão-renovação da aliança. Sempre que havia infidelidade do povo e dos líderes para com Deus, vinha o castigo, um golpe do bastão divino que provocava uma mudança de vida e uma retomada da aliança com Deus.

Como diz um conhecido rabino norte-americano, Harold Kushner, que escreveu um belo comentário ao salmo 23: "Não é errôneo desejar que aqueles que fizeram o mal sofram as conseqüências de seu mau comportamento. Somente quando o bastão de Deus cai sobre os que cometeram malfeitos se restaura nossa fé na integridade do mundo" (*The Lord is my Shepherd,* p. 120).

Mas o sentido do castigo não é vindicativo, mas pedagógico. É o pai que ama o filho e usa a mão dura para corrigir-lhe erros e malfeitos. Por meio do profeta Natã, por exemplo, Deus faz saber ao rei Davi que cometera um pecado de adultério: "Eu serei para ele, Davi, um pai, e ele será meu filho. Mas se proceder mal eu o castigarei" (1 Sm 7, 14). E de fato o castigou pesadamente. O filho da relação adúltera adoeceu sem que Davi nada pudesse fazer e acabou morrendo (2 Sm 12, 15-23).

O livro dos Provérbios é taxativo: "Quem poupa o bastão odeia seu filho, mas quem o ama corrige-o desde cedo" (Pv 13, 24).

A pedagogia contemporânea segue outros caminhos, certamente menos violentos, mas buscando o mesmo objetivo, o de corrigir comportamentos desviantes e maus. Para nós, castigo é mandar o filho para o quarto para refletir, é cortar por um dia a televisão, é proibir sair de casa à noite, é ter que ler ou copiar certos textos. Pouco importa, trata-se sempre do bordão funcionando no sentido de educar as pessoas.

Como Deus nos educa e como usa seu bordão divino? Devemos partir da constatação de que Deus não intervém em nossa história se anunciando pessoalmente e puxando nossas orelhas. Ele pode fazê-lo como se mostra na vida das pessoas espirituais ou nos assim chamados santos e santas da Igreja Católica e Ortodoxa. Mas normalmente Ele age por intermédio de pessoas ou situações. Vamos referir apenas três mais recorrentes.

A primeira forma como o bastão divino se manifesta é pela nossa *má consciência e pelo sentimento de vergonha*. Quando cometemos uma ação objetivamente errada, em especial prejudicando outras pessoas ou transtornando a atmosfera coletiva, sentimos um acusador interno que nos aponta o erro. Sentimos a consciência pesada. É uma voz interior que não cala e continuamente evidencia nosso erro. Mesmo que ninguém nos persiga, procuramos em vão fugir dela. É o bastão de Deus nos denunciando interiormente, não para nos castigar, mas para nos induzir à boa conduta.

O chefe de estado criminoso que secretamente manda bombardear o inimigo com milhares de bombas de napalm, matando em poucas semanas mais de quinhentas mil pessoas, a maioria civis inocentes, pode não ser levado à barra do Tribunal Internacional por Crimes contra a Humanidade, porque astutamente destruiu ou ocultou as provas inequívocas, encobrindo assim seu malfeito. Isso apenas agrava eticamente sua situação. Pode enganar os investigadores, mas não pode mentir a si mesmo. A consciência o perseguirá, por momentos falará alto dentro dele, e um dia ele comparecerá diante do tribunal divino, onde toda verdade aparecerá com toda a sua clareza.

Se não for a má consciência, pode ser o sentimento de vergonha, a forma como Deus usa o seu bastão corretor. Já Aristóteles observava em sua *Ética a Nicômaco* que a vergonha é o sinal que nos acusa e nos faz enrubescer porque as ações foram más. Expressão de perversidade ética e decadência humana profunda é perder totalmente o sentimento de *vergonha*. A má intenção toma conta da pessoa. E assim se destrói o fundamento de toda ética que é a boa vontade, a ausência de malícia e a abertura ao bem.

O bastão divino pode assumir a forma da *crítica* que sofremos das pessoas próximas, do grupo ao qual pertencemos ou da opinião pública quando cometemos atos equivocados ou eticamente condenáveis. Tomamos aqui a crítica não no sentido destrutivo, freqüente na vida política, mas no sentido construtivo: aquele juízo que aponta nossos erros e pecados, especialmente se vier de pessoas respeitáveis com o objetivo de saná-los ou evitar prejuízos futuros. Num nível profundo, é o Senhor-pastor que com seu bastão nos disciplina e nos convida a mudanças de vida.

Em face da crítica, cabe a acolhida, a disposição de corrigir e a prontidão em mudar. Toda arrogância, auto-suficiência e soberano desprezo da crítica significa fechar-se a um possível apelo da razão sensata e de Deus, perdendo uma chance de melhorar e crescer.

Uma forma mais contundente de sentirmos o bastão de Deus em nossa vida é constituída pelas *crises*. Todas as formas de vida, especialmente a vida humana consciente e livre, passam por fases de crise. Pois assim é a estrutura da vida. Primeiramente, pelo fato mesmo de a própria vida ter surgido há 3,8 bilhões de anos, de uma crise de estabilidade da matéria, de uma situação de caos. Mas o caos nunca é caótico, ele busca gerar ordem e assim superar a crise. Num dado momento, ao ser superada a crise, irrompeu a vida como auto-organização da matéria distante do equilíbrio. Apareceu uma nova ordem no processo evolucionário.

Essa ordem vem dotada de determinadas potencialidades de realização. E elas começam a se concretizar. É a história de uma espécie diferente de vida que pode perdurar por milhares e milhões de anos. Quando essas potencialidades se esgotam, novas crises surgem. Estas, por sua vez, criam oportunidades para a eclosão de novas ordens que podem ser maneiras diferentes de organização e condução da vida.

O processo de crise, bem analisado pelos modernos biólogos e antropólogos, se estrutura assim: ordem-crise-superação da crise-nova ordem-crise-superação da crise-nova ordem, e assim indefinidamente até a morte, quando ocorre a grande crise e se dá o salto para outro tipo de ordem para além das ordens conhecidas no espaço e no tempo. A crise, portanto, pertence à normalidade da vida, e possui a função de nos purificar, nos fazer crescer e amadurecer.

A própria etimologia da palavra *crise* nos ajuda a entender o que ela é e como funciona qual bordão divino para o nosso crescimento e amadurecimento.

Crise vem do sânscrito *kir,* que significa limpar e purificar. De *kir* deriva a palavra *crisol,* que é um elemento químico usado na limpeza de metais, ouro e prata. De crisol se forma o verbo *acrisolar,* que significa depurar e purificar. Crise é, então, todo processo que purifica, que põe em relevo o essencial, diferenciando-o do acidental, processo que mostra o que é duradouro e verdadeiro e o que é passageiro e mutável.

Esse processo de crise é doloroso, pois destrói evidências e faz desaparecer as estrelas-guias que orientavam a vida e agora, com as mudanças, não orientam mais. Precisamos construir novas referências e criar novas esperanças. Isso exige tempo, reflexão e experimentação. Traz desilusões e sofrimentos até que, finalmente, surja uma luz libertadora e uma porta que dá acesso a uma nova visão da realidade.

Essas crises podem trazer sofrimentos físicos (as pessoas ficam abatidas, emagrecem e perdem vitalidade), psicológicos (ficam deprimidas e angustiadas) e espirituais (tendem a perder a esperança, a fé e o entusiasmo pelas coisas do bem e de Deus).

Mas as crises são criadoras. Saímos mais enriquecidos delas. É o bastão divino a nos educar e a nos propiciar oportunidades de transformações e acrisolamentos.

O "cajado" divino em nossa vida

O cajado é símbolo de condução segura. Como Deus nos conduz no nosso dia-a-dia? Tornamos a repetir: Deus não intervém diretamente nos tomando pela mão e andando conosco pelo caminho. Ele não tem outros pés que os nossos pés, outros ouvidos que os nossos ouvidos, outras mãos que as nossas mãos. Ele age por meio das pessoas à nossa volta e das situações que nos cabem viver.

Ele nos dá força e iluminação para que andemos e construamos o caminho. Reflitamos sobre algumas maneiras indiretas pelas quais o Deus-pastor nos guia e encaminha.

Há a *palavra interior, voz de Deus* na consciência. Pelo fato de sermos seres humanos, possuímos subjetividade e todo um universo interior de emoções, paixões e grandes símbolos chamados arquétipos. Não somos apenas caixas de ressonância de vozes que nos vêm de fora, do vasto mundo circundante. Somos também caixas de ressonância de vozes que vêm de nossa profundidade. Sentimos apelos para a solidariedade, para o amor, para a com-paixão, para o perdão. Percebemos também que nos mostrando hostis, desconfiados e invejosos dos outros não apenas fazemos mal a eles, mas fazemos mal a nós mesmos.

Assim como há comportamentos que são prejudiciais à saúde física, como comer e beber além da medida, fumar em excesso e ficar sem dormir por longo tempo, assim também há estados de ânimo que são nocivos à saúde psicológica e espiritual, como ter raiva das pessoas, mostrar discriminação a certas etnias e credos religiosos, e menosprezar certas visões de mundo e aqueles que as assumem. Tais comportamentos nos fazem mal porque, fundamentalmente, nossa estrutura de base é boa porque fomos criados por Deus para nos ajudarmos uns aos outros, evoluirmos juntos e nos comportarmos como irmãos e irmãs.

Esses apelos que emergem em nós representam a voz concreta de Deus, qual cajado que nos vai guiando e caminhando ao nosso lado pelas sendas do bem. Essa voz interior nunca nos abandona, de dia e de noite, em momentos decisivos ou cotidianos.

Há ainda a *palavra exterior, voz de Deus na história*. Diz a epístola aos hebreus que "muitas vezes e de modos diversos Deus falou outrora a nossos pais" (Hb 1, 1). Nunca deixou de se autocomunicar a todos os povos. Seus porta-vozes foram os mestres espirituais como Buda, Lao-tze, Chuang-tzu, os mestres da Índia antiga e moderna como Krishnamurti e Gandhi, e de outras tradições culturais, como os místicos muçulmanos sufis Rumi e Ibn Arabi, os mestres da tradição afro e afro-americana, entre os quais ressaltam os da religião Ioruba e Nagô, ou mesmo mestres modernos como Thomas Merton, monge norte-americano, Luther King Jr., Simone Weil, mística judia e cristã, Anne Frank, a menima vítima dos nazistas, Atahualpa Yupanqui, o poeta índio e cantador da Argentina profunda, Gustavo Gutiérrez, peruano e pai da teologia da libertação, e Carlos Mesters, que ensinou os pobres a ler e a compreender a Bíblia a partir da vida e da luta, e tantos outros do mundo secular, como Dag Hamarjöld, secretário-geral da ONU assassinado no Congo, um homem profundamente espiritual e místico. Todos esses ajudaram as pessoas a serem mais generosas e atentas à presença de Deus na história.

Para nós, cristãos, Deus se revelou particularmente na história do povo de Israel pelos seus profetas, poetas, salmistas, escritores e sábios. De forma única, em Jesus de Nazaré, em quem testemunhamos que Deus disse sim e amém a todas as promessas (cf. 2 Co 1, 19) e que, sentindo-se Filho de Deus e primeiro de muitos irmãos e irmãs (Rm 8, 29), nos deu a consciência de que também somos filhos e filhas de Deus. Os evangelhos guardam a saga e as palavras de Jesus, alimento permanente para todas as igrejas portadoras de sua herança e para todos os que se mostram sensíveis ao Espírito. Mestres cristãos como Santo Agostinho, São Francisco de Assis, São Tomás de Aquino, Pascal, o Papa João XXIII, Dom Hélder Câmara, irmã Dulce e uma legião de homens e mulheres que filtraram suas vidas pelos evangelhos continuam edificando as pessoas e convocando-as ao caminho do bem.

Precisamos superar um fundamentalismo freqüente entre muitos cristãos, mesmo entre teólogos que, ilusoriamente, imaginam ser as Escrituras Cristãs os únicos textos inspirados pelo Espírito de Deus. Na verdade, o Verbo ilumina cada pessoa que vem a esse mundo (cf. Jo 1, 8) e seu Espírito paira sempre sobre toda a criação (Gn 1, 2) e faz do corpo humano seu templo (1 Co 6, 19). Ambos inspiram grandes sonhos, visões e idéias que alimentaram milhões e milhões de pessoas pelos séculos afora.

Só leva a Deus aquilo que vem de Deus. Então, todos esses testemunhos cristãos e não-cristãos constituem a Palavra exterior e revelada de Deus à humanidade.

Por esta razão, devemos tratar com reverência e respeito tais textos sagrados e revisitá-los com freqüência para nos empaparmos da Palavra de Deus que nos guia e confirma no caminho do bem.

Em terceiro lugar, Deus nos guia pelos *caminhos espirituais* e pelas *religiões* codificadas. Eles guardam a memória sagrada de Deus na história e mantêm viva a linguagem, os ritos e símbolos pelos quais, de forma humana e sempre incompleta, representamos Deus e seus mistérios. Todas as religiões, não obstante as deturpações que possam ter, representam nichos de sentido de vida, inspiram práticas benfazejas e alimentam sempre o horizonte de esperança de que nem tudo está perdido e que, no termo final, o bem, a virtude e a salvação, Deus enfim, têm a última palavra. Os cristãos pretendem ver em suas comunidades de fé, nas igrejas, o sacramento de Cristo, nas quais os fiéis tentam viver no seguimento de Jesus e testemunhar o destino derradeiro da humanidade e da criação: a ressurreição de toda a carne e a transfiguração de todo o universo para formar o Corpo de Deus.

Por fim, Deus nos guia permanentemente pelas *figuras exemplares* que sempre existiram em cada geração. São aquelas pessoas excelentes em virtudes, em santidade e em sentido de Deus na existência. São como faróis a nos guiar, mais pelo exemplo do que por palavras. Geralmente são elas que nos convencem, por suas histórias de vida, a seguir caminhos talvez penosos, mas que nos desafiam a sermos mais fraternos, misericordiosos, humanos e espirituais.

Nesse rol entram pessoas como nossas mães e nossas avós, nossos professores, médicos de família, enfermeiras conhecidas pela comunidade e tantas outras pessoas anônimas que encontramos fortuitamente nas ruas cujas palavras ou gestos nos iluminaram. Quantos idosos, verdadeiros sábios, testemunham a dimensão de Deus e não nos deixam esquecer que há uma vida para além desta vida e que nosso comportamento é decisivo para que ela seja bem-aventurada ou frustrada.

Estes são alguns sinais, entre tantos outros, pelos quais Deus nos provoca, evoca e convoca para caminhar em Sua direção. São metaforicamente o "bordão" e o "cajado" do bom Pastor que anda na frente e nos atrai para verdes pastagens e fontes repousantes de água fresca.

Terrível, terrível!

Ser por Deus tomado
Ser vencido pelo Mistério
Ferido e transpassado.
Oh sede sem refrigério!

Mas que sou eu enfim?
Sou um, sou dois, sou multidão?
São tantos quereres em mim
Em total contradição.

É um verdadeiro pandemônio
De todas as coisas conjuntas
O anjo com o demônio
A graça e a desgraça juntas.

Mistério, mistério!

Fujo sem que ninguém me persiga
E no entanto estou preso e cativado.
O que é? Quem souber que o diga!
É o divino Agora, sem futuro e sem passado.

TERCEIRA PARTE

O canto do hospedeiro

Na minha frente preparas a mesa

Tão fecunda quanto a metáfora do pastor é a do hospedeiro. Para compreendermos bem sua relevância para a experiência de Deus como hospedeiro, precisamos resgatar o contexto existencial suposto nesta parte do salmo 23, coisa que já fizemos anteriormente mas que aqui detalharemos melhor.

Experiência de perseguição

A experiência de base é a da perseguição. Por alguma razão qualquer, alguém é perseguido e ameaçado de morte por seus adversários. Consegue escapar e alcançar um santuário, considerado lugar de refúgio.

O sacerdote o acolhe com todas as virtudes do hospedeiro: oferece perfume para a cabeça, prepara a mesa para a refeição, na presença mesmo dos adversários que já chegaram e nada podem fazer. Passado o risco, após algum tempo, oferece ao refugiado, por segurança, uma escolta que o acompanhará até um lugar escolhido. Ele se sente agradecido, gostaria até de ficar, pois é tão bom permanecer na Casa do Senhor, mas promete pelo menos voltar ao Santuário pelo tempo que tiver de vida.

O quadro desenhado é expressivo, dramático e consolador. O perseguido é cada um de nós. O hospedeiro é Deus. Como não se sentir tranqüilo em meio a perseguições e ameaças de morte, com a acolhida e proteção oferecida pelo Hospedeiro Divino?

Hospitalidade: um gesto de radical humanidade

A hospitalidade tem a ver com os mínimos humanos: ser acolhido para poder abrigar-se, comer, beber e descansar. Sem esses mínimos materiais ninguém vive e sobrevive. Mas o mínimo material remete a um mínimo espiritual mais profundo, que tem a ver com aquilo que nos faz propriamente humanos: a capacidade de acolher, de sermos solidários, cooperativos e capazes de conviver com o diferente. Foram esses gestos primordiais que permitiram aos nossos ancestrais hominidas, há milhões de anos, darem o salto da animalidade para a humanidade.

A hospitalidade é a primeira virtude da convivência com os diferentes, pois ela implica acolher o outro enquanto outro e introduzi-lo em nossa casa. Mitos transculturais referem que hospedar um estrangeiro, um desconhecido ou simplesmente um outro é, no fundo, hospedar o próprio Deus.

O belo mito grego dos bons velhinhos Báucis e Filémon, contado por Ovídio, bem o comprova. Dão guarida a Júpiter e a Hermes, duas divindades supremas do panteão grego que se apresentaram disfarçados de andarilhos pobres e famintos. Báucis e Filémon oferecem a eles a choupana modesta, lavam-lhe os pés, preparam-lhe a comida, dão a própria cama. E eis senão quando as divindades se revelam em sua glória. Os bons velhinhos caem reverentes ao chão. E, antes de partirem, Júpiter e Hermes prometem realizar dois desejos de seus hóspedes. Báucis e Filémon formulam seus desejos. O primeiro, que pudessem servir a Deus pelo restante dos dias. E o segundo, que pudessem morrer juntos para que nenhum precisasse chorar a separação do outro. E eis que, num abrir e fechar de olhos, Júpiter transforma a mísera choupana num templo luzidio dedicado a ele, Júpiter. E eles ali o serviram até o fim da vida. E, quando estavam bem avançados em anos, subitamente perceberam que chegara a hora de partirem deste mundo. Báucis viu o corpo de Filémon encher-se de galhos e folhas, e ela viu o corpo de Báucis cobrir-se de ramas e flores. Sem que pudessem se dizer adeus, foram transformados em duas frondosas árvores, cujos galhos se abraçaram no alto, e assim ficaram entrelaçados pelos tempos sem fim.

A comensalidade: comunhão cósmica e humana

Como se depreende do mito relatado, a primeira virtude do hospedeiro, depois de oferecer água para matar a sede e se refrescar, é preparar a mesa para a refeição.

Entre os habitantes do deserto, a mesa é posta no chão. Estende-se um tapete de couro e sobre ela se distribuem os alimentos, sempre frugais. No santuário, como nas casas, não havia propriamente mesas como as nossas de hoje. Sobre um estrado um pouco elevado do chão estendia-se um tapete. As pessoas se reclinavam numa almofada, duas a duas, apoiavam-se no cotovelo esquerdo, lançando os pés para trás e comendo com a mão livre. Normalmente se comia pão de cevada (de trigo era luxo) e carne, molhados num suco de várias frutas (*haroset*), queijos, frutas como tâmaras, passas e figos secos, e se bebia vinho.

Preparar a mesa e comer é todo um ritual. Comer é mais do que se nutrir, é entrar em comunhão com as energias que sustentam o universo e, por meio dos alimentos, garantem nossa vida. Por isso, a mesa, a ceia e o banquete são cercados por um sem-número de símbolos. O próprio Reino de Deus, a utopia de Jesus, é apresentado como uma ceia ou um banquete (Lc 14, 15-24; Mt 21, 1-10).

A comensalidade representa um ato comunitário e reforça nos convivas os laços de humanidade, de mútua confiança e de comunhão. O fato de no salmo se dizer que a mesa está posta sob o olhar raivoso dos adversários constitui uma advertência de que a comensalidade ainda não é completa. O sonho humano e divino é poder incluir a todos. Segundo os evangelhos, os estropiados, doentes e excluídos são convidados a se reunir ao redor da mesma mesa (Lc 14, 21). Somente quando isso ocorrer nos acercaremos da utopia do Reino, de uma humanidade re-unida e reconciliada consigo mesma.

Como Deus se faz hospedeiro?

Deus se mostra como hospedeiro nos acolhendo assim como somos, seres de contradição. Em termos globais, somos, como disse acertadamente Pascal, "um nada diante do infinito e um tudo diante do nada, um elo entre o nada e o tudo, mas incapaz de ver o nada de onde é tirado e o infinito para onde é engolido". No ser humano se cruzam os três infinitos: o infinitamente pequeno, o infinitamente grande e o infinitamente complexo (Chardin). Sendo isso tudo, nós nos sentimos incompletos e ainda nascendo. Estamos sempre na pré-história de nós mesmos. E apesar disso nos experimentamos como um projeto infinito que reclama seu objeto adequado, também infinito: Deus. Mas diante dele carregamos uma profunda ambigüidade, pois comparecemos simultaneamene como justos e pecadores, abertos aos outros e fechados sobre nós mesmos, capazes de acolhida amorosa e de exclusão perversa. O apóstolo Paulo fez esta penosa constatação: "Não faço o bem que quero, e sim o mal que não quero... no íntimo de meu ser amo a lei de Deus, mas sinto nos membros outra lei que me prende à lei do pecado" (Rm 7, 19.23).

Certamente por causa disso criamos inimigos que nos perseguem, que falam mal de nós e denunciam nossos erros. Mas Deus, que é amor infinito, continua nos amando. E quando não encontra correspondência em nosso amor, nos perdoa. A todos ama, pois, como dizem os evangelhos, "Ele faz nascer o sol para bons e maus e chover sobre justos e injustos" (Mt 5, 45). Diferente de nós, Ele "ama os ingratos e maus" (Lc 6, 35). Sempre que um ser surge, uma estrela, um microorganismo, uma planta, um animal, uma criança, é prova de que Deus continua ainda amando sua criação e confiando nela. Ele é pois uma Mãe de ilimitada misericórdia.

O Salmo 103 expressa esta consoladora convicção:

"O Senhor perdoa todas as tuas culpas
e cura todas as tuas enfermidades.
Ele resgata do fosso tua vida
E te cumula de misericórdia e compaixão.
O Senhor é compassivo e clemente,
Lento para a cólera e rico em misericórdia
Não está sempre acusando
Nem guarda rancor para sempre
Não nos trata segundo nossos pecados
Nem nos paga segundo nossas culpas.
Como um pai sente compaixão pelos filhos e filhas,
Assim o Senhor se compadece dos que o veneram
Porque ele conhece nossa natureza
E se lembra de que somos pó.
A misericórdia do Senhor é, desde sempre e para sempre"
(12-17).

Se Deus nos hospeda dessa forma, como não iríamos imitá-lo, sendo nós também misericordiosos para com quem nos ofende (Lc 6, 36)?

Deus se mostra nosso hospedeiro nos protegendo de tantos riscos e ameaças ligadas à própria vida e, muitas vezes, ao nosso compromisso com a justiça e com os pobres. Surgem inimigos que nos querem mal e até atentam contra a nossa vida. Devemos usar todos os meios de prudência para não nos expormos. Mas, por amor aos mais indefesos e pobres, precisamos correr riscos, como corre o bom pastor. É em momentos assim que recorremos, confiadamente, a Deus.

Essa confiança irrestrita de sentir-se acompanhado vem referida por dona Ruth, mãe do padre Ricardo Rezende, que, por muitos anos, trabalhou junto ao rio Araguaia, no sul do Pará, acompanhando pastoralmente camponeses pobres submetidos a todo tipo de violência e até a trabalho escravo por parte dos donos do latifúndio. Nessa região, nos limites da Amazônia, muitos camponeses, entre 1980 e 1990, foram expulsos de suas glebas, torturados e mortos.

Padre Josimo Tavares, que fora meu aluno de Teologia em Petrópolis (Rio de Janeiro), filho da terra, negro e profundamente comprometido com os camponeses, foi assassinado pelas costas, atravessado por muitas balas. Trabalhava com o padre Ricardo Rezende. Este correu os mesmos riscos. Vezes sem conta foi ameaçado de morte. Prenderam e torturaram colaboradores próximos, mas a ele, por razões misteriosas, nunca conseguiram agarrar. Quando estava prestes a cair numa cilada, acontecia alguma coisa que desmontava os esquemas dos criminosos a serviço do latifúndio. O bom Pastor salvava seu pastor.

Anos após a morte do padre Josimo, sua mãe, dona Olinda, do sul do Pará, visitou a mãe do padre Rezende, dona Ruth, em Juiz de Fora, Minas Gerais. A conversa entre as duas é conservada até hoje na memória das famílias.

Dizia dona Olinda, mãe do padre Josimo: "Dona Ruth, tire seu filho, o padre Ricardo, do Araguaia. Eu me arrependo muito de não ter insistido mais para que meu filho Josimo também saísse. A situação era perigosa. Eu falava para ele: 'Josimo, meu filho, você vai morrer! Sai daí. Mas ele não queria sair. Achava que tinha um compromisso com o povo e não podia abandoná-lo. Mas lamento não ter insistido mais...'" E continuava: "Tire seu filho de lá, dona Ruth, antes que seja tarde demais."

E dona Ruth, mãe do padre Ricardo Resende, respondia tranqüila: "Não tiro não, dona Olinda. Eu entreguei meu filho para Nossa Senhora e ela vai protegê-lo. Tenho certeza de que ele não vai ter morte violenta no Pará. Ele vai ficar ali o tempo que achar necessário. Eu sempre digo, 'meu filho, você não vai morrer'."

Outros parentes e amigos repetiam a mesma coisa, usando os mesmos argumentos de dona Olinda. Mas dona Ruth os escutava pacientemente e não os seguia. Confiava em Nossa Senhora, e isso bastava. Nem quando o padre Ricardo Rezende teve um grave acidente em Belém, capital do Pará, com fratura craniana e entrando em estado de coma, ela perdeu a calma, ao contrário dos demais membros da família. Dona Ruth ouvia uma voz interior que lhe garantia: "Nossa Senhora está com ele e nada vai lhe acontecer."

E misteriosamente o padre Ricardo Rezende sempre escapou ileso de todas as ciladas e tentativas de assassinato.

Dona Ruth fez a mesma experiência do salmista, sentindo Deus próximo, como pastor e hospedeiro. O pastor e hospedeiro aparece sob a forma de Nossa Senhora, que representa, no nível da experiência, o Deus materno em cujo útero protege e cuida de seus filhos e filhas.

Quis dizer
E não achei palavras.
Fiz silêncio
E então irrompeu o clarão da madrugada.

Um mais um
Não são dois.
É um em dois:
A amada no Amado transformada.

Unges minha cabeça com perfume

Entre os hebreus perfumar a cabeça do hóspede era expressar a alegria de recebê-lo. Não fazê-lo era sinal de falta de boas maneiras (cf. Lc 7, 46). De todos os modos, a unção da cabeça é manifestação de grande deferência.

Perfume, sinal de alegria

Os hebreus apreciavam muito os perfumes, e conheciam cerca de trinta, entre os quais a mirra, o nardo, o aloés, a canela e o jasmim. Usavam-nos na vida social, nas festas, nas visitas para expressar especial alegria, entre os amantes antes de se unirem amorosamente (Pv 7, 17; Ct 1, 12; 4, 10; 5, 1) e também como presentes para pessoas importantes (cf. Gn 43, 11; 1 Rs 10.2.10; 2 Rs 20, 13)). Os perfumes eram muito usados no culto. Havia um sacrifício só de perfumes feito cada manhã e cada tarde, em alegre adoração (Ex 30, 7; Lc 1, 9). Existia até o "altar dos perfumes", no qual se faziam sacrifícios perfumados, especialmente com vários tipos de incenso (Sl 141, 2; Sl 18, 21). Esse sacrifício incruento era considerado o culto mais perfeito que um dia todos os povos prestariam a Deus (Is 60, 6; Ml 1, 11; Mt 2, 11), superando para sempre os sacrifícios cruentos.

Mas aqui o salmo fala da unção perfumada feita na cabeça do hóspede como expressão de hospitalidade calorosa. Conhecemos dos evangelhos a unção feita a Jesus, em Betânia, na casa de Simão, o leproso, por uma certa mulher cujo nome os relatos evangélicos de Mateus (26, 6-13) e de Marcos (14, 3-9) não revelam. Ela se acerca de Jesus "com um vaso de alabastro cheio de perfume de nardo legítimo, de grande valor (Marcos fala em cerca de trezentas moedas de prata) e, quebrando-o, derramou o perfume na cabeça de Jesus" (Mc 14, 3). Tal gesto inusitado escandalizou os discípulos e provocou a defesa explícita de Jesus dizendo: "Onde quer que este evangelho for anunciado em todo o mundo, será também contado, em sua memória, o que ela fez comigo" (Mc 14, 3-9).

O simbolismo do perfume

As coisas nunca são apenas coisas. São portadoras de significações simbólicas. Assim, por exemplo, cabeça não é apenas um dos órgãos essenciais do ser humano. A cabeça é "a quintessência da pessoa, de seu espírito, de seu poder e de suas virtudes; como esfera, microcosmos, a cabeça simboliza o macrocosmos e a totalidade e integridade da pessoa; daí a gravidade da decapitação que significa a privação definitiva do espírito do outro" (Stevens, 410). Ungir a cabeça é reconhecer a pessoa em sua singularidade espiritual, na sua dimensão divina. Por isso, reis, sacerdotes e profetas eram ungidos na cabeça e assim investidos de poder sagrado e divino. Alguma reminiscência dessa sacralidade está presente na unção perfumada do hóspede, pois atrás dele esconde-se o próprio Deus.

De forma semelhante, é rico o simbolismo do perfume. Ele vem carregado de significações simbólicas. O perfume é algo espiritual, está presente sem ser visto e produz uma presença da pessoa, sutil, íntima, misteriosa, diferente da presença meramente física: "O perfume vem a ser a vibração silenciosa pela qual um ser exala a sua essência e dá a perceber o murmúrio de sua vida oculta" (Gilles Becquet, p. 768). O perfume é portador de uma mensagem, como aquela dita poeticamente nos Cantares: "O esposo é como o nardo ou um vaso de mirra" (Ct 1, 12) e a esposa é "a minha mirra e meu bálsamo" (5, 1).

Assim como o perfume é a essência da rosa, assim também o perfume usado por alguém revela algo de sua essência escondida. Já se disse que "o perfume é a essência do Ser" (Leloup, p. 140).

A presença de Deus: o perfume da vida

Não é da nossa cultura perfumar a cabeça de um hóspede. Temos outras formas de mostrar deferência e importância. O próprio perfume que usamos para visitar e encontrar amigos é um sinal da festa e apreço que demonstramos sutilmente às pessoas.

Quando nos abrimos à comunhão com Deus, Ele entra em comunhão conosco na forma sutil de um perfume. Não força, não invade, mas cria uma ambiência de bem-querença que nos enleva e nos suscita alegria interior. Que há de mais suave, reconfortante e realizador do que sentir Deus a partir do coração? Deus não é primeiramente uma realidade para ser pensada, mas fundamentalmente para ser sentida pela totalidade de nosso ser, semelhante a um perfume.

Podemos ser incompreendidos pelos outros, talvez até perseguidos, mas, se sentimos Deus dentro de nós, nada nos poderá perturbar. Seremos como águas profundas perenemente serenas a despeito das ondas conturbadas e perigosas da superfície.

Para nós, cristãos, as palavras "unção" e "ungido" estão ligadas à palavra mais cara que temos, que é Cristo. "Cristo" em grego significa "ungido" e é a tradução do hebraico de "messias". As comunidades helenistas que não conheciam a língua hebraica deixaram de usar a expressão "Jesus é o Messias". Diziam, simplesmente, Jesus Cristo, ou Jesus, que é chamado de "Cristo" (At 9, 34; 5, 42; Mt 1, 16; 27, 17).

"Cristo" acabou virando um nome independente para significar Deus, que assumiu a nossa humanidade, para ser nosso hospedeiro e nos libertar totalmente. Ele, consoante o profeta Isaías, realizará a utopia mais ancestral da humanidade, a reconciliação de todos com todos e com Deus. "Então o lobo habitará com o cordeiro e a criança brincará sobre a cova da serpente" (Is 11, 6-8). Ele é o perfume de Deus derramado sobre toda a criação e sobre a inteira humanidade.

No batismo, os cristãos são ungidos com óleo perfumado. Lembram o Ungido, o Cristo, o Messias que já veio mas que ainda não acabou de vir. A utopia não se realizou plenamente, apenas nos foram dadas poucas antecipações, como a ressurreição de Jesus. Nossa unção nos lembra: somos os marcados para levar avante o sonho do Messias dos judeus e o do Cristo dos cristãos. Importa assumir a responsabilidade de melhorar este mundo cindido de cima a baixo, de fazer triunfar a justiça do pobre e a libertação dos oprimidos.

Senhor, entra na minha morada
Quebrada e sem janelas.
A porta escancarada
Não tem chaves nem cancelas.

Apieda-te de cada canto!
Acende as luzes mortas
Para trazerem encanto
Às coisas direitas e tortas.

É a Ti que eu busco
Com uma ânsia inaudita
Na luz e no lusco-fusco.
Na hora bendita e maldita!

Encontrei-Te, meu Deus, afinal
Concreto, forte e quente
O Deus perto, sacramental.
Um contigo, corpo e mente.

Guarda-me em Tua memória
Como Te guardo na minha.
Façamos uma só história
A Tua unida com a minha.

E minha taça transborda

Pertence à hospitalidade a generosidade da mesa. Com a comida vem a bebida, a taça de vinho sempre presente em toda cultura mediterrânea e hebraica. Com o pão e o óleo, o vinho fazia parte da comida cotidiana (Dt 8, 8; 11, 14; 1 Cr 12, 41). É tão apreciado que, de forma exaltada, o livro do Eclesiastes proclama: "O vinho é vida para o homem, desde que o beba com moderação" (Ec 31, 27) e é próprio dele "alegrar o coração" (Sl 104, 15; Jz 9, 13). A importância do vinho é tão central para o mundo bíblico que, segundo ele, todos deveriam, de alguma forma, participar da excelência do vinho, mesmo quem não tivesse uma vinha. Por isso, não era permitido fazer uma segunda colheita da vinha; o que restava era exatamente para os pobres, as viúvas, os passantes e estrangeiros recolherem e fazerem o seu vinho (Lv 19, 10; Dt 24, 21).

O simbolismo do vinho

Em razão dessa excelência, o vinho assumiu um simbolismo muito forte. Imediatamente nos lembra o sangue, e com o sangue, a vida. Como tal, simboliza tudo o que de melhor a vida pode propiciar, como o amor (Ct 1, 4; 4, 10), a amizade (Ec 9, 10) e a alegria de viver (Ec 10, 19; Jó 1, 18; Zc 10, 7; Jt 12, 13). É também um símbolo religioso da felicidade abundante que Deus promete a todos por ocasião da instauração de seu Reino definitivo, que é a reconciliação de toda a criação com o seu Criador e de todos os seres entre si (Am 9, 14; Os 2, 24; Is 25, 6; Zc 9, 17).

Para os autores do Segundo Testamento o vinho novo representa os tempos messiânicos que estouram os odres velhos (Mc 2, 22) e inauguram os tempos novos (Mt 26, 29) iniciados já pela aparição de Jesus, o Redentor das gentes.

O maior milagre de Cristo foi transformar água em vinho, e, depois, vinho em corpo de Deus. O vinho representa a Eucaristia, a presença viva e vital de Cristo sob a forma da copa de vinho, "o cálice da nova aliança em meu sangue" (Lc 22, 20)

Essas ressonâncias estão presentes quando escutamos, hoje em dia, este verso do salmo 23: "e minha taça transborda". Quer dizer, há tanta generosidade por parte do hospedeiro, que a taça nunca ficava vazia, antes transbordava.

Generosidade e a gratidão

O sentimento que corresponde à generosidade da taça transbordante é o agradecimento. O agradecimento revela uma das dimensões mais profundas do ser humano, de que existimos por pura gratuidade. Não nos demos a existência, a recebemos de outros. Ao nos conceberem e ao nos receberem na hora do nascimento, mossas mães tiveram amor incondicional e cuidado para conosco. Se tudo dependesse de nós, não nasceríamos atados ao cordão umbilical de nossas mães. Uma vez colocados no mundo, dependemos de um pouco de alimento e de um pouco de água para reproduzir a vida. A materialidade dos elementos vem carregada de força espiritual, pois sem ela a vida não existiria.

A nossa dependência que provoca a gratidão alcança um outro nível, também profundo. Dependemos psicológica e socialmente da aceitação dos outros. Essa ligação com o outro é tão essencial que, quando somos rejeitados, fazemos a experiência da morte e da solidão. Portanto, vivemos à mercê do dom, quer dizer, da acolhida generosa por parte dos outros. A essência do dom é dar e receber gratuitamente, independentemente de nossos esforços ou de nossos méritos. O outro se faz dom, doando-se a si mesmo, doando seu tempo, sua atenção, seu carinho e, no limite, sua vida.

Dom se paga com dom, graça se paga com graça. Por isso, agradecidos, nos doamos também ao outro. Essa mútua doação significa amizade, amor, e seu efeito maior é a felicidade.

Se bem pensarmos, a gratidão deveria ser uma atitude permanente, pois a disposição com a qual levamos avante nossa vida e a energia com a qual assumimos nossos compromissos não é nossa. Não a criamos nós, mas a encontramos em nós. Existe em nós sem mérito algum. Ela é puro dom. Por esta razão dizia, cheio de humor, o escritor católico inglês G. K. Chesterton: "As crianças ficam agradecidas quando o Papai Noel ou o Menino Jesus coloca presentes em seus sapatinhos. Como não deveríamos nós adultos ficar também agradecidos por Deus ter colocado pés e pernas saudáveis dentro de nossos sapatos?"

Ao sentir-se salvo da perseguição dos inimigos e acolhido tão calorosamente, o hóspede sente irromper nele o sentimento de gratidão. É algo irreprimível e brota espontaneamente. O pior momento do ateu é aquele em que sente gratidão mas não sabe a quem agradecer. Aqui sabemos: agradecemos ao hospedeiro divino, ao bom pastor, ao Deus que anda conosco, nos protege, assume a nossa vida e nossa causa e, finalmente, nos convida a morar com Ele em sua casa.

Como não vou te agradecer, Mãe divina
Pela mãe humana que me deste?
Ela balbuciou a palavra que ensina
Ver em todas as mães a Mãe celeste.

Como não vou te agradecer, Pai amoroso,
Pelo pai humano que me guia?
Ele me ensinou a ser bondoso
Com o pedinte do pão de cada dia.

Te agradeço pelo imenso universo
Do qual somos parte e parcela.
Somos uma palavra, um verso

De teu poema de amor que revela
Que o Todo uno e diverso
É traço de tua face bela.

Bondade e fidelidade me escoltam todos os dias

O hospedeiro oferece ampla hospitalidade ao fugitivo, dando-lhe de comer e de beber, oferecendo-lhe perfume para a cabeça e protegendo-o contra seus inimigos. Seu gesto de hospitalidade é levado até o fim: coloca-lhe à disposição uma escolta de dois homens que o acompanham até o destino seguro, até a casa de parentes ou de amigos.

Em ambas as partes, na primeira com a metáfora do pastor, e na segunda com a metáfora do hospedeiro, vigora uma mesma lógica, coerente com seus respectivos símbolos arquetípicos: pastor, pastagens verdejantes, fontes borbulhantes, segurança; hospitalidade, mesa posta com comida e bebida, companhia e sentimento de estar em casa.

Mas há uma pequena diferença estilística entre as duas partes: na segunda, os dados concretos são logo metaforizados e aplicados a Deus. Assim os dois homens da escolta recebem cada qual um nome – "bondade" e "fidelidade" –, as duas qualidades da aliança que Deus celebrou com seu povo. E a casa de parentes ou de amigos se transforma na "casa do Senhor". Em outras palavras, o salmista identifica a realidade com a metáfora: os dois acompanhantes são expressão concreta da aliança divina e a casa se transforma em Casa do Senhor, no Templo em Jerusalém.

Os dois acompanhantes oferecidos pelo hospedeiro são pessoas de confiança e são leais. Neles há bondade e fidelidade. Não irão assaltar o hóspede refugiado, nem trair a vontade do hospedeiro, abandonando o hóspede pelo caminho ou fugindo caso ele seja ameaçado. Eles são o correspondente ao bom pastor, que o levam pelo rumo certo e ao endereço correto.

Essa experiência serve de base para entender o sentido religioso e espiritual de "bondade" e "fidelidade" como conteúdo concreto da aliança que Deus estabeleceu com os seres humanos e com o povo de Israel.

A primeira característica da aliança é a *bondade* divina. Deus se acerca por pura bondade, por amor afetuoso ao povo de Israel. Ele sabe que é "o menor de todos os povos" (Dt 7, 7), que seus antepassados eram errantes pelo deserto, "gente sem pátria" (Dt 26, 5), assolados pela fome a ponto de terem que refugiar-se no Egito. Por isso mesmo escolhe o povo hebreu como o "seu" povo, a quem diz: "Vós sereis o meu povo e eu serei o vosso Deus" (Jr 31, 33; 32, 38; Ez 36, 28; 37, 27). Com esse povo escolhido se dispõe a fazer uma história, contada até os dias de hoje. E estabelece uma aliança de amizade e de amor com ele. Por mais que haja infidelidade e traição por parte do povo, Seu amor misericordioso renova continuamente a aliança. Essa aliança com o povo de Israel é símbolo concreto da aliança que Deus faz com cada povo e com todos os povos, pois todos eles são povos de Deus (cf. Ap 21, 3).

Por causa dessa experiência de radical e inarredável bondade divina, o salmista canta: "Saboreai e vede como o Senhor é bom; feliz da pessoa que se refugia nele" (Sl 34, 9), "Sim, o Senhor é bom e sua fidelidade estende-se de geração em geração" (Sl 100, 5).

A aliança, urdida a partir da iniciativa do Deus bom, possui uma solidez à prova dos séculos (Sl 119, 90), porque Deus é fiel. Ele se apresenta como a "Rocha" para expressar sua imutável *fidelidade* (Dt 32, 4). Entende o povo como uma esposa com a qual quer se unir pelo vínculo de uma fidelidade perfeita (Os 2, 22). Mesmo que ela se prostitua, ele a toma de novo, a purifica e a faz sua esposa amada.

Os cristãos vêem no Cristo aquele em quem "apareceu a

bondade humanitária de nosso Deus" (Tt 3, 4) e, diferentemente do povo do Primeiro Testamento, permaneceu sempre fiel (Hb 2, 17; 13, 18), mesmo no meio das maiores tentações (Hb 5, 7), como quando, desesperado de dor e de solidão, grita no alto da cruz: "Meu Deus, meu Deus, por que me abandonaste?" (Mc 15, 34)?

Para nossa experiência de fé é consolador e libertador saber que estamos envoltos sempre pela bondade de Deus. Ele não é um abismo que mete medo, mas um seio que aconchega. Não é alguém que arbitrariamente, sem que saibamos por que, ora é amoroso e misericordioso, ora é iracundo e inquiridor. Não. Ele é só bondade, compaixão e misericórdia. Ele guarda perene e eterna fidelidade ao seu propósito de amor, mesmo que nos comportemos de forma desleal e infiel. O que ele um dia amou, também eternizou.

Esta visão possui uma alta função terapêutica. Muitas vezes nossa consciência nos acusa por maldades que cometemos. O peso de nossa auto-imagem negativa pode nos amargurar a vida. Experiências dolorosas nem sempre são trabalhadas psicologicamente e integradas em nossa trajetória de vida. Outras vezes nos sentimos perdidos e sem rumo, sem qualquer vontade de viver. É em momentos assim que importa proclamar para nós mesmos esse verso do salmo 23: "Sim, bondade e fidelidade me escoltam por todos os dias de minha vida."

Portanto, o arco de nossa trajetória terrestre, com seus percalços e sucessos, é acompanhado pela bondade e fidelidade de Deus. Bondade e fidelidade envolvem as condições de vida familiar, social e ecológica, hoje tão combalidas e ameaçadas. Finalmente, suplicamos que Deus nos premie também com bondade e fidelidade para que possamos irradiá-las sobre as pessoas e o mundo à nossa volta.

Nossas sombras, infidelidades e pecados não nos devem tirar a alegria de nos sentirmos amados e perdoados. Todas as Escrituras nos alimentam a convicção de que, no balanço final das coisas, para Deus, o pouco de luz que tivermos conservado vale mais que todas as trevas de nossa história pessoal e coletiva. Por esta réstia de luz ele nos identifica e nos vem buscar para levar para a sua Casa, onde viveremos e irradiaremos com Ele para sempre.

Que há de mais libertador e tranqüilizador do que esta experiência de proximidade e intimidade com Deus? Então, por que temer? Não é Ele o bom pastor, o hospedeiro que nos protege contra os perseguidores? Por todo o tempo em que vivermos?

A hora chegou enfim:
Tu és minha pedra e meu chão,
Meu caminho e meu fim
Meu seio e meu rincão,
Onde respiro e vivo-com.

Aqui tudo se encontra e se casa:
Quando parto, estou em casa,
Quando chego, nunca parti,
Quando ando, estou aqui
Quando estou aqui, já saí.

Mistério? Não. Experiência outorgada
Pela eterna Mãe amada.
Em ti, não há partida nem parada
Nem despedida nem chegada
Porque és Tudo em tudo e és Nada.

Habitarei na Casa do Senhor

Deus não somente nos conduz como pastor e nos protege como hospedeiro. Ele nos propõe algo mais fascinante e permanente: habitar com Ele em sua Casa, em seu Templo, ou voltar sempre de novo, como peregrinos, à Casa onde sentimos sua graça, bondade e fidelidade.

Retornar ou habitar?

Efetivamente, a tradição do texto contempla estas duas versões, habitar e retornar. A versão de referência da Bíblia hebraica (Texto Masorético), em vez de "habitarei" traz "retornarei à Casa do Senhor pelo tempo que tiver de vida".

O sentido se inscreve na lógica do fato subjacente ao salmo: o fugitivo encontrou guarida no templo, como lugar de refúgio, e, passado o perigo, foi escoltado até um destino seguro. O hóspede ficou tão agradecido que prometeu voltar em peregrinação ao Santuário inesquecível todos os anos, enquanto viver. Um argumento que reforça esta versão do "retornar" é o fato de que o salmo 23 tenha sido usado nas liturgias das peregrinações (os salmos eram chamados de "salmos de ascensão ao Templo").

Podemos representar bem a cena se pensarmos em nossos romeiros populares dos dois grandes santuários brasileiros do Nordeste: Juazeiro do Padre Cícero Romão Batista e Canindé de São Francisco das Chagas. Nos dois santuários o romeiro vai cumprir promessas. Ali, junto de seus santos de devoção, esquece as agruras da vida, experimenta um aconchego e uma paz que não lhe é oferecida em lugar algum. Uma alegria santa dilata seu coração, pois sente o ambiente carregado de graças e bênçãos divinas. Parte agradecido, prometendo retornar se possível cada ano, para reviver essa atmosfera bem-aventurada. E muitos voltam efetivamente, ano após ano. Esse verso do salmo 23 traduziria de forma excelente essa experiência.

A outra versão "habitarei a Casa do Senhor" é a que predominou e representa o texto oficial (*textus receptus*). Significa então a culminância da obra do bom pastor e do hospedeiro generoso: introduzir a pessoa na comunhão plena com Deus, morando em sua própria Casa, no Templo. Já não é mais um hóspede passageiro. É habitante e comensal de Deus. Recordemos o belo salmo 27, 4, que canta: "Uma só coisa peço ao Senhor e só esta eu procuro: habitar na Casa do Senhor todos os dias de minha vida para degustar a doçura do Senhor e admirar a sua santa Morada."

O arquétipo da Casa

A Casa é um dos arquétipos mais importantes da psique humana. A Casa é mais do que uma realidade física feita de quatro paredes, portas, janelas e telhado. Casa é uma experiência existencial primitiva, ligada ao que há de mais precioso na vida humana, que é a relação afetiva entre os que habitam a Casa, os pais, os irmãos, os avós e outros. Casa representa segurança e refúgio das ameaças que vêm de fora. Casa é o espaço do mundo que nós escolhemos, preparamos, organizamos, adornamos e fazemos a moradia a partir da qual contemplamos a Terra e o céu. A Casa nos dá raízes, nos fixa no solo e nos fornece orientação. Estar em Casa é estar no seu espaço, na sua intimidade, no lugar de plena liberdade e espontaneidade. Negar Casa a alguém é negar-lhe o útero que o protege e acolhe, é tirar-lhe a segurança necessária para viver, é fazê-lo um errante sem pátria e sem rumo.

Não sem razão, os gregos viram na experiência da Casa a

origem da ética. *Ethos* em grego significa, precisamente, a morada humana ou o *habitat* do animal. Viver eticamente é saber organizar a Casa de tal forma que tudo corra a contento: os relacionamentos de afeto e de cooperação entre todos os que nela habitam, a forma como se ordena o interior da Casa para que cada coisa esteja no seu lugar justo, as relações com o meio ambiente para que sejam agradáveis e repousantes, como o jardim, a água, os caminhos, a relação de amizade com os vizinhos. Todas estas dimensões fazem a Casa humana.

Casa do Senhor é o santuário onde tudo é santo, quer dizer, tudo é reto, puro, justo e apto para elevar o espírito e favorecer o encontro com Deus. "Habitarei a Casa do Senhor" corresponde ao "Tu estás comigo" da primeira parte do salmo. Morar na Casa do Senhor é sentir-se um filho e filha de Deus em Casa. Esta experiência de intimidade envolve duas outras dimensões, uma ética e outra mística.

Dimensão ética do habitar

Habitar com Deus em sua Casa pressupõe santidade. Não devemos entender "santidade" ou "santos" e "santas" exclusivamente no sentido convencional dos católicos, como pessoas que se notabilizaram por virtudes em grau eminente ou foram mártires de sua fé e de seu compromisso de amor para com os outros, sendo por causa disso elevados pelo Papa à honra dos altares. Entendemos "santo" e "santa" num sentido bem corriqueiro, que corresponde ao sentido bíblico querendo expressar a adequação de nosso comportamento à realidade divina e à natureza da Casa de Deus. Ambas demandam certo tipo de atitude, como pureza, retidão e reverência, sem a qual não há como habitar com Deus. Não podemos nos acercar de Deus sem modificar nossa vida.

Se nosso comportamento é mentiroso e falso, precisamos mudá-lo para sermos verdadeiros e transparentes. Se discriminamos e fazemos injustiça às pessoas, tratando-as com rudeza ou ofendendo-as em seus direitos, não podemos, nesta condição, penetrar na Casa de Deus. A luz nos cegaria e a bondade nos encheria de vergonha. Habitar com o Senhor em sua Casa é procurar realizar o que Deus pede a Abraão: "Anda na minha presença e sê perfeito" (Gn 17, 1), ou o que Jesus ensina: "sede perfeitos como vosso Pai celeste é perfeito" (Mt 5, 48). Portanto, o que conta é uma atitude ética que nos predispõe a ser dignamente comensais de Deus.

Esta exigência ética é expressa maravilhosamente pelo salmo 15, também atribuído a Davi:

"Quem, Senhor, poderá hospedar-se em tua tenda?
Quem poderá habitar no monte santo?
Aquele que procede com honradez e pratica a justiça;
Que, do fundo do coração, diz a verdade
E não calunia com a língua;
Quem não faz mal ao próximo
Nem difama seu vizinho;
Quem despreza o que Deus reprova
E honra os que amam o Senhor
E que não retrata o que jurou mesmo com dano próprio
Quem empresta dinheiro sem usura
E não aceita suborno contra o inocente
Quem assim procede sempre dará certo."

O outro salmo, o 131, diz com extrema singeleza:

"Senhor, meu coração não é pretensioso
Nem meus olhos são cheios de orgulho.
Não aspiro a grandezas que superam minha capacidade
Antes, modero e tranqüilizo meus desejos:
Como uma criança está nos braços da mãe.
Assim estão meus desejos nos meus braços."

Como se depreende, o comportamento ético, fruto da justa medida e da automoderação dos desejos se faz porta de entrada para viver a comunhão com Deus. Só nos fazendo filhos e filhas da luz podemos conviver com a Luz que não conhece ocaso e resplende por todo o universo: Deus.

A dimensão mística do habitar

Além da ética da imitação de Deus existe a mística da união amorosa com Deus. Deus é menos para ser pensado com a cabeça do que para ser sentido com o coração. Quando *sentimos* dentro de nós a bondade, a misericórdia e a proteção de Deus, entramos na dimensão mística. Ela é um *sentir* profundo e inefável que escapa às palavras. É saborear Deus, sentir-se carregado e penetrado por Ele.

Habitar a Casa de Deus é entrar na intimidade de Deus e participar de sua vida e de seu amor. Ocorre, então, uma comunhão que supera o fosso Criador-criatura, pois começa-se a sentir Deus penetrando nosso ser e nosso ser penetrando Deus, o "amado (Deus) na amada (alma) transformado" no dizer do místico São João da Cruz. Aqui se evaporam as palavras. É o silêncio pleno de contemplação e de mútua Presença. Nada mais pedimos, apenas celebramos e gozamos, sem mais nada dizer.

Mergulhados nessa intimidade inefável, não pedimos que Deus nos tire das ondas perigosas, apenas que nos dê força para enfrentá-las. Não suplicamos que Deus nos dê a saúde de que precisamos, mas que nos conceda a sabedoria de conviver com a doença e crescer com ela. Não queremos que Deus nos liberte das crises que nos obscurecem as estrelas-guias, mas que nos dê a esperança de aguardar a aurora e o sol que tudo dissipa. Mesmo que Deus não nos poupe da tristeza pela morte da pessoa amada, suplicamos que nos conceda a serenidade da contemplação da vida para além da vida. Se Deus não nos livra de nossos pecados nem de quedas que nos envergonham, que nos dê, então, a confiança no perdão e a vontade de recomeçar sempre de novo.

Quando mergulhamos no inferno existencial da solidão e nos sentimos marginalizados e excluídos, Ele nos sussurra: "Eu estou contigo." Quando ficamos abatidos pela perversão da humanidade, pelas chagas infligidas à Mãe Terra, pelas águas que contaminamos, os solos que envenenamos, o ar que poluímos, Ele suscita em nós um amor redobrado a tudo o que existe e vive. E quando nos sentimos prostrados, sem vontade de viver e de estar com os outros, Ele nos convida: "Vem à minha Casa e repousa e refaz as forças e experimenta como é suave o meu amor."

E nada mais diremos, porque teremos tudo e nada nos faltará. Assim estaremos na Casa de Deus, não por um momento, como quem peregrina, mas como quem é comensal, por todo o tempo em que vivermos.

Profunda harmonia!
Deus não estava distante,
Distante de modo nenhum.
Os sons em sinfonia
Faziam tudo ficar um.
Uma força pura e constante
Ligava cada ser, um a um.

Deus era o Eu mais profundo
que carregava meu eu consciente.
Ele me tomava pela raiz, pelo fundo
Unindo coração, corpo e mente.
Sentir que não há um fora!
Viver intensa e plenamente
Cada momento, aqui e agora!

Essa situação não era a graça?
A presença suprema do Ser
Que tudo une e enlaça?
Agora posso sentir e ver:
O vinho precioso e a taça
Eram um único Ser:
Graça dentro da graça!

Conclusão

O estudo detalhado do salmo 23, do bom pastor e do hospedeiro generoso, nos permitiu mergulhar na condição humana e fazer uma penosa e libertadora travessia.

Experimentamos o deserto, o caminho perigoso, o vale da sombra da morte e o medo terrível. Do meio do desamparo humano surgiu o consolo divino. Deus se anunciou como bom pastor que nos conduziu a pastagens verdejantes e a fontes de águas cristalinas, permitindo reparar nossas forças. Deu-nos segurança no caminho, atravessou conosco o vale sombrio e quando o risco se apresentava tenebroso nos disse: "Não temas mal nenhum. Eu estou contigo."

Que alívio e libertação! Podemos respirar e continuar a viver.

Num outro momento, nos sentíamos perseguidos, tínhamos que fugir para não sermos pegos e, quem sabe, mortos. E eis que uma Casa se abriu e surgiu à porta o hospedeiro. Acolheu-nos gentilmente, preparou a mesa, ofereceu-nos perfume para os cabelos e não deixou que nossa taça ficasse vazia. Os inimigos vieram, raivosos, mas nada puderam fazer. Depois, passado o risco, o hospedeiro ofereceu uma escolta de duas pessoas que nos conduziram ao destino seguro. E por fim, ultrapassando todos os limites, convidou-nos a habitar com Ele, pelo tempo que durar a nossa vida, ou pelo menos voltar à Casa do Senhor todos os anos, pelo tempo que vivermos.

Toda a dramaticidade da vida e toda a esperança possível estão aqui apresentadas. E triunfa a esperança sobre o medo e a vida sobre as sombras da morte.

Por ser todo humano, esse salmo se tornou também, pela fé

e pela confiança, todo divino. Duas metáforas: o pastor e o hospedeiro. Dois riscos: o vale da sombra da morte e a perseguição. Duas promessas: Eu estou contigo e habitarás na Casa do Senhor por todo o tempo de tua vida.

Eis o consolo divino para o desamparo humano. Esta mensagem confortou milhares de gerações ao longo de três mil anos. E contém ainda força para nos envolver, reanimar nossa esperança e nos introduzir num espaço onde não precisamos mais ter medo, porque Ele nos garante que "nada nos faltará", que "Ele anda conosco" e que, no termo de nossa história, tudo vai dar certo porque habitaremos com Ele em sua Casa para sempre.

"Se Deus é por nós, quem poderá ser contra nós? Nem o medo, nem a perseguição, nem a sombra da morte nos afastarão de sua benevolência e graça." Porque andamos, seguros, na palma de sua mão.

Sei que chegarei
Inevitavelmente.
Mas como chegarei?
Com que cara me apresentarei?
E tenho eu lá alguma cara?
Nem sei a quem servi.
Nem tive projeto próprio a realizar.
Vivi atendendo a chamados
Fiz o que me pediam.
Não busquei a mim mesmo.
Sempre estive em função de alguma coisa
Que ia para além de mim.
Que coisa?
Sempre me perguntei
Sem saber responder.
E ao chegar cansado
De perguntar
E de não saber,
Com espanto
Descubro que a Coisa
Eras Tu, meu Deus,
Sim, eras Tu.
E vejo que sem saber
Realizava simplesmente
Teu desígnio misterioso.
Oh inefável gozo:
Estava sempre
Na palma de Tua mão.

Bibliografia

PRIMEIRA PARTE

Oração: o respiro da alma

BOFF, L., HARADA H. e SPINDELDREIER, A. *A oração no mundo secular*. Petrópolis: Vozes, 1971.

CASTILLO, J. M. *Oración y existencia cristiana*. Salamanca: Ediciones Sigueme, 1975.

COMBLIN, J. *A oração de Jesus*. Petrópolis: Vozes, 1973.

DOUGLAS-KLOTZ, N. *Prayers of the cosmos*. São Francisco: Harper San Francisco, 1996.

ESPEJA, J. A oração cristã, em *Espiritualidade cristã*. Petrópolis: Vozes, 1995, pp. 341-357.

ESTRADA, J. A. *Oración: liberación y compromiso de fe*. Santander: Sal Terrae, 1986.

FREI BETTO. *Oração na ação*. Rio de Janeiro: Civilização Brasileira, 1972.

GRÜN, A. *Oração e autoconhecimento*. Petrópolis: Vozes, 2004.

GUARDINI, R. *Introduzione alla preghiera*. Bréscia: Queriniana, 1960.

HEILER, F. *Das Gebet. Eine religionsgeschichtliche und relgionspsychologische Untersuchung*. Munique: Ernst Reinhardt Verlag, 1969.

HERRÁINZ, M. *La oración, experiencia liberadora*. Salamanca: Sigueme, 1989.

LE SAUX, H. *Preghiera e presenza*. Assis: Cittadella Editrice, 1973.

METZ, J. B. *Invitación a la oración*. Santander: Sal Terrae, 1979.

MURARO, R. M. e CINTRA, FREI R. *As mais belas orações de todos os tempos*, 2 v. Rio de Janeiro: Sextante, 2001.

PIKAZA, X. *A oração cristã*. Petrópolis: Vozes, 1993.

________. Oración, em *Conceptos fundamentales del cristianismo*. Madri: Trotta, 1993, pp. 898-913.

QUOIST, M. *Poemas para rezar*. São Paulo: Duas Cidades, 1958.

TEIXEIRA, F. e BERLENBROCK, V. *Sede de Deus*. Petrópolis: Vozes, 2002.

TONIN, N. *Deus te abençoe*. Petrópolis: Vozes, 2001.

VÁRIOS AUTORES. A oração ao Deus da Bíblia, em *Estudos Bíblicos 10*. 1986, pp. 5-80.

________. Liturgias do povo de Deus, em *Estudos Bíblicos 35*. 1992, pp. 7-87.

________. A oração, em *Concilium nº 9*. Petrópolis: Vozes, 1972.

________. Rezar hoje, em *Concilium nº 2*. Petrópolis: Vozes, 1970.

VOILLLAUME, R. *Pregare per vivere*. Assis: Cittadella Editrice, 1972.

WARD, P. *O fim da evolução*. Rio de Janeiro: Campus, 1997.

WILSON, E. *O futuro da vida*. Rio de Janeiro: Campus, 2002.

Os salmos: a nossa radiografia espiritual

ASENSIO, V. M. *Literatura lírica*. Estella: Ediciones Verbo Divino, 1994, pp. 291-456.

BALLARINI, T. e REALI, V. Salmos, em *Introdução à Biblia III/2*. Petrópolis: Vozes, 1985, pp. 35-140.

BEAUCAMP, E. *Le psautier*, 2 v. Paris: J. Gabalda, 1976-1979.

BEAUCAMP, P. *Psaume nuit et jour*. Paris, 1980.

BONNARD, P. E. *Os salmos dos pobres de Deus*. São Paulo: Paulinas, 1975.

DAHOOD, M. *Psalms, the anchor bible*, 3 v. Nova York: Doubleday, 1966/1970.

DE LANGHE, R. *Le psautier: ses problèmes littéraires, son influence*. Louvain: Publications Universitaires, 1962.

DRIJVERS, P. *Les psaumes: genres littéraies et thèmes doctrinaux*. Paris: Editions du Cerf, 1958.

GARRIDO, J. *Los salmos, contemplación y vida*. Madri: 1976.

JACQUET, L. *Les psaumes et le coeur de l'homme*. 3 v. Paris: Duculot, 1975-1979.

KRAUS, H. J. *Los salmos*, 2 v. Salamanca: Ediciones Sigueme, 1993.

————. *Teología de los salmos*. Salamanca: Sigueme, 1996.

LANCELLOTTI, *A. Salmi*, 3 v. Roma: Eidizioni Paoline, 1979-1981.

MAILLOT-A., M. *Les psaumes*, 4 v. Paris: Desclée de Brouwer, 1966-1968.

RAVASI, G. *Il libro dei salmi. Commentario e attualizzazione*, v. III. Bolonha: EDB, 1981.

SCHÖKEL, L. A. e CARNITI, C. *Salmos*, 2 v. Estella: Editora Verbo Divino, 1994.

SEYBOLD, K. *Studien zur Psalmenauslegung*. Stuttgart: Kohlhammer, 1998.

STADELMANN, L. I. J. *Os salmos*. Petrópolis: Vozes, 1983.

STORNIOLO, I. *Salmos: a oração do povo de Deus*. São Paulo: Paulinas, 1982.

STRAUBINGER, J. *El salterio*. Buenos Aires: Desclée de Brouwer, 1949.

VÁRIOS AUTORES. *Psaume, Dictionnaire de la Bible*, Supplément, t. IX. Paris, 1979, pp. 3-214.

VOGT, E. *Os salmos*. São Paulo: Liga de Estudos Bíblicos, 1951.

WEISER, A. *Die Psalmen*. Göttingen: Vandenhoeck & Ruprecht, 1966.

WEISER, A. *Os salmos. O grande comentário bíblico*. São Paulo: Paulus, 1994.

Salmo 23: o Senhor é meu pastor e hospedeiro

AMMASSARI, A. Il salmo 23, em *Bibbia e Oriente 16*. 1974, pp. 257-262.

ANDERSON, B. W. *Out of the depbts: the psalms speak for us today*. Philadelphia: 1964.

ASENSIO, F. Entrecruces de símbolos y realidades en el salmo 23, em *Biblica 40*. 1959, pp. 237-247.

BARCLAY, I. *He is everything to me*. Nova York, 1976.

BEAUCAMP, E. Vers les pâturages de Yahvé, em *Bible et vie chrétienne 32*. 1960, pp. 47-57.

________. Voie nouvelle pour l'exégèse du Ps 23, em *Studia Hierosolymitana B. Bagatti II*. Jerusalém, 1976, pp. 44-46.

BEHLER, G. M. Le bon pasteur, Ps 23 em *Vie Spirituelle 144*. 1966, pp. 442-447.

BEYREUTHER, E. Pastor, em *Novo Dicionário Internacional de Teologia Novo Testamento* (ed. Colin Brown). São Paulo: Edições Vida Nova, 1983, pp. 469-474.

BRÜGGEMANN, J. *Hilf uns leben. Psalmen sprechen zum Menschen von heute*. Lahr: 1966.

CONGAR, Y. Les psaumes dans ma vie, em *Vie Spirituelle 129*. 1975, pp. 876-887.

ELLIOT, N.K. *The Lord, your shepherd*. Garden City, 1969.

GORGULHO, G. O libertador dos pobres (salmo 72), em *Estudos Bíblicos 23*. 1989, pp. 45-51.

JACQUET, L. Psaume 23, em *Les psaumes et le coeur de l'homme*, v. I. Paris: Duculot, 1975, pp. 551-565.

KÖHLER, L. Ps 23, em *Zeitschrift für altestamentliche Wissenschaft 68*. 1956, pp. 227-234.

KRAUS, H. J. *Los salmos*, v. I. Salamanca: Ediciones Sigueme, 1993, pp. 467-476.

KUSHNER, H. S. *Quem precisa de Deus*. Rio de Janeiro: Imago, 1991, pp.151-166.

________. *The Lord is my shepherd. Healing wisdom of the twenty-third psalm*. Nova York: Alfred A. Knopf, 2003.

LIPINSKI, E. Psaume, em *Dictionnaire de la Bible*, Supplément, t. IX. Paris: 1979, pp. 68-72.

MERRIL, A. L. Ps 23 and the Jerusalem Tradition, em *Vetus Testamentum 15*. 1965, pp. 354-360.

MESTERS, C. Casos de imaginação criativa, em *Estudos bíblicos 42*. 1994, pp. 20-27.

MITTMANN, S. Aufbau und Einheit des Danklieds Ps 23, em *Zeitschrift für Theologie und Kirche 77*. 1980, pp. 1-23.

PYPER, H.S. The triumph of the lamb: psalm 23 and textual fitness, em *Biblical interpretation 9*. 2001, pp. 384-392.

RAVASI, G. *Il canto del pastore e dell'ospite:...perché tu sei con me*, em *Il libro dei salmi*, v. I. Bolonha: EDB, 1981, pp. 425-446.

RINALDI, G. Il salmo 23, em *Bibbia e Oriente 3*. 1961, pp. 81-85.

SCHÖKEL, L. A. e CARNITI, C. Salmo 23, em *Salmos I*. Estella: Editora Verbo Divino, 1994, pp. 396-407.

SCRIPPA, V. *Il buon pastore e l'anfitrione*. Giordano: FSM, 1997, pp. 43-69.

VOGT, E. The place in life of Ps 23, em *Biblica 34*. 1953, pp. 195-211.

VON SAUER, A. Fact and image in the Shepherd Psalm, em *Concordia theological monthy 42*. 1971, pp. 488-492.

VON UNGER-STERNBERG, R. Das Wohnen im Hause Gottes. Eine terminologische Psalmstudie, em *Kirche und Dogma 17*. 1971, pp. 209-223.

WILLIS, T. M. A fresh look at Ps 23, 3a, em *Vetus Testamentum 37*. 1987, pp. 104-106.

SEGUNDA PARTE

O Senhor é meu pastor

BEYREUTHER, E. Pastor, em *Novo Dicionário Internacional de Teologia Novo Testamento*. São Paulo: Edições Vida Nova, 1983, pp. 469-474.

BOFF, L. *Igreja: carisma e poder*. Petrópolis: Vozes, 1984.

———. *Saber cuidar*. Petrópolis: Vozes, 2001.

CERFAUX, L. Le nom divin Kyrios dans la Bible, em *Recherches de sciences philosophiques et théologiques 20*. 1931, pp. 27-51.

HAMP, V. Das Hirtenmotiv im Alten Testament, em *Festschrift Faulhaber*. Munique: 1949, pp. 7-20.

IMSCHOOT, V. Senhor, em *Dicionário enciclopédico da Bíblia*. Petrópolis: Vozes, 1985, pp. 1408-141.

RAVASI, G. Il canto del pastore e dell'ospite: perché tu sei con me, em *Il libro dei salmi*, v. I. Bolonha: EDB, 1981.

THOMANN, H. Jahwe, Hirte der Seinen. *Die theologische Bedeutung des Hirtenbildes im Alten Testament*. Roma: 1961.

WILSON, E. *O futuro da vida*. Rio de Janeiro: Campus, 2002.

Nada me falta

ALVES, R. *O enigma da religião*. Petrópolis: Vozes, 1975.

BOFF, L. *Espiritualidade: caminho de realização*. Rio de Janeiro: Sextante, 2002.

———. *O despertar da águia*. Petrópolis: Vozes, 1999.

———. *Tempo de transcendência*. Rio de Janeiro: Sextante, 2001.

BROWN, N. *Vida contra morte*. Petrópolis: Vozes, 1974.

CAPRA, F. *A teia da vida*. São Paulo: Cultrix, 1997.

CHARDIN, T. *O fenômeno humano*. São Paulo: Cultrix, 1998.

DUVE, C. *Poeira vital*. São Paulo: Companhia das Letras, 1997.

MAY, R. *Eros e repressão*. Petrópolis: Vozes, 1973.

MORIN, E. *L'identité humaine*. Paris: Seuil, 2001.

———. *Le paradigme perdu: la nature humaine*. Paris: Seuil, 1973.

WEBER, R. *Diálogo com cientistas e sábios*. São Paulo: Cultrix, 1998.

ZOHAR, D. *QS: Inteligência espiritual*. Rio de Janeiro: Record, 2002.

Em verdes pastagens me faz repousar

BOFF, L. *A oração de São Francisco*. Rio de Janeiro: Sextante, 1999.

———. *Ética da vida*. Rio de Janeiro: Sextante, 2004.

———. *Saber cuidar*. Petrópolis: Vozes, 1999.

BONDER, N. *A cabala da inveja*. Rio de Janeiro: Imago, 1992.

FISAS, V. *Cultura de paz y gestión de conflictos*. Barcelona: Icaria/Unesco, 1998.

GALTUNG, J. *Peace by peaceful means. Peace and conflict, development and civilization*. Oslo: International Peace Research Institute, 1996.

HANH, T. N. *Paz a cada passo*. Rio de Janeiro: Rocco, 1993.

LELOUP, J.-Y. *A arte da atenção*. Campinas: Verus, 2002.

MAY, R. *Poder e inocência*. Rio de Janeiro: Civilização Brasileira, 1981.

PIETRONI, P. *Viver holístico*. São Paulo: Summus, 1986.

PUREZA, J. M. (org.) *Para uma cultura da paz*. Coimbra: Quarteto, 2001.

Conduz-me até fontes repousantes

BARROS, M. *O Espírito vem pelas águas*. Goiás: Editora Rede, 2002.

BOFF, L. *Ethos mundial*. Rio de Janeiro: Sextante, 2003.

MANEGLIER, H. *Histoire de l'eau*. Paris: Seuil, 1992.

PERENNE, J. *L'eau et les homme*. Paris: Bordes, 1997.

PETRELLA, R. *O manifesto da água*. Petrópolis: Vozes, 2002.

RABELO, A. *Águas do Brasil*. São Paulo: USP, 2002.

SIRONNEAU, J. *L'eau, nouvel enjeu stratégique mondial*. Paris: Éditions Economica, 1995.

E repara minhas forças

BOFF, L., *Crise. Oportunidade de crescimento*. Campinas: Verus, 2003.

_______. *O destino do homem e do mundo*. Petrópolis: Vozes, 1976.

ESPEJA, J. *Espiritualidade cristã*. Petrópolis: Vozes, 1995.

GUTIÉRREZ, G. *Beber do próprio poço*. Petrópolis: Vozes,1985.

_______. *Falar de Deus a partir do sofrimento do inocente*. Petrópolis: Vozes, 1987.

HOLLIS, J. *Rastreando os deuses*. São Paulo: Paulus, 1998.

LELOUP, J.-Y. *Caminhos da realização*. Petrópolis: Vozes, 1999.

_______. *Carência e Plenitude*. Petrópolis: Vozes, 2001.

VELASCO, J. M. *El fenómeno mistico*. Madri: Trotta, 1999.

WEIL, P. *A consciência cósmica*. Petrópolis: Vozes, 1991.

WEIL, P. e outros. *Espírito e saúde*. Petrópolis: Vozes, 1997.

Guia-me por caminhos seguros

APPIAH, K. A. *Na casa do meu pai. A África na filosofia da cultura*. Rio de Janeiro: Contraponto, 1997.

BERKENBROCK, V. J. *A experiência dos Orixás*. Petrópolis: Vozes, 1998.

BOFF, C. e PIXLEY, J. *Opção pelos pobres*. Petrópolis: Vozes, 1987.

CAPRA, F. *O Tao da física*. São Paulo: Cultrix, 1983.

DALAI LAMA. *Uma ética para o novo milênio*. Rio de Janeiro: Sextante, 2000.

FISCHER-SCHREIBER, I. Buddhismus, em *Lexikon der östlichen Weiheitslehren*. Berna/Munique: Scherz, 1986, pp. 55-60.

GRAF DÜRCKHEIM, K. *Em busca do mestre interior*. São Paulo: Paulinas, 2001.

LAO TSE. *Tao Te King*. São Paulo: Paulus, 2001.

LIBANIO, J. B. *A religião no novo milênio*. São Paulo: Loyola, 2002.

———. *Deus e os homens: os seus caminhos*. Petrópolis: Vozes, 1994.

MERTON, T. *A via de Chuang-tzu*. Petrópolis: Vozes, 1989.

PEGORARO, O. *Ética é justiça*. Petrópolis: Vozes, 2001.

SUZUKI, D. T. *Introdução ao zen-budismo*. São Paulo: Pensamento, 1988.

VÁRIOS AUTORES. *Cultura negra y teología*. San José: DEI, 1986.

VÁRIOS AUTORES. *Identidade negra e religião*. Rio de Janeiro: CEDI/Edições Liberdade, 1986.

VELASCO, J. M. *El fenómeno mistico*. Madri: Trotta, 1999

Como pede Sua missão

ARAYA, V. *El Dios de los pobres*. San José: DEI-SEBILA, 1983.

BOFF, L. *Experimentar Deus*. Campinas: Verus, 2003.

CRUZ, S. J. *DA. São João da Cruz. Obras completas*. Petrópolis: Vozes, 1984.

DUPONT, J. Nome, em *Vocabulário de teologia bíblica*. Petrópolis: Vozes, 1977, pp. 649-653.

GUTIÉRREZ, G. *El Dios de la vida*. *Lima*: Universidad Catolica, 1982.

HELLER, J. Namengebung und Namendeutung. Grundzüge der alttestementlichen Onomatologie, em *Evangelische Theologie 27*. 1967, pp. 255-266.

MUÑOZ, R. *O Deus dos cristãos*. Petrópolis: Vozes, 1989.

PIKAZA, J. *Las dimensiones de Dios*. Salamanca: Sigueme,1973.

RAHNER, K. *Theos en el Nuevo Testamento*, em *Escritos de teología I*. Madri: Taurus, 1961, pp. 93-109.

VAN DEN BORN, A. Nome, em *Dicionário enciclopédico da Bíblia*. Petrópolis: Vozes, 1985, pp. 1.048-1.050.

Ainda que devesse passar pelo vale da sombra da morte

BOFF, L. *A cruz nossa de cada dia*. Campinas: Verus, 2003.

———. *Paixão de Cristo – paixão do mundo*. Petrópolis: Vozes, 1976.

BONDER, M. *Sobre Deus e o sempre*. Rio de Janeiro: Campus, 2003.

GUTIÉRREZ, G. *Falar de Deus a partir do sofrimento do inocente*. Petrópolis: Vozes, 1987.

HAUGHT, J. *Deus após Darwin*. Rio de Janeiro: José Olympio, 2002.

JONAS, H. *Der Gottesbegriff nach Auschwitz*. Frankfurt: Suhrkamp, 1995.

MOLTMANN, J. *El Dios crucificado*. Salamanca: Sigueme, 1985.

SÖLLE, D. *Deve haver algo mais: reflexões sobre Deus*. Petrópolis: Vozes, 1999.

Não temo mal algum: Tu estás comigo!

BOFF, L. *Graça e experiência humana*. Petrópolis: Vozes, 1998.

________. *Saber cuidar*. Petrópolis: Vozes, 1999.

KUSHNER, H. S. Por que Tu estás comigo, em *Quem precisa de Deus*. Rio de Janeiro: Imago, 1991, pp. 151-166.

LELOUP, J.-Y. *Deserto, desertos*. Petrópolis: Vozes, 1998.

________. *O complexo de Jonas ou os medos do Eu*. Petrópolis: Vozes, 1999, pp. 17-54.

MUÑOZ, R. *O Deus dos cristãos*. Petrópolis: Vozes, 1989.

O'MURCHU, D. *Evolutionary Faith*. Nova York: Orbis Books, 2002.

PFAMMATTER, J. Atributos e comportamentos divinos no Novo Testamento, em *Mysterium Salutis II/1*. Petrópolis: Vozes, 1972, pp. 243-260.

RATZINGER, J. (org.) *Dios como problema*. Madri: Cristiandad, 1973.

TOOLAN, D. *At Home in the Cosmos*. Nova York: Orbis Books, 2001.

Teu bastão e Teu cajado me dão segurança

BOFF, C. *Sinais dos tempos*. São Paulo: Loyola, 1979.

BOFF, L. *Crise, oportunidade de crescimento*. Campinas: Verus, 2002.

GARMUS, L. *O juízo divino na história*. Petrópolis: Vozes, 1975.

HAMMARSKJÖLD, D. *Pensamentos*. Rio de Janeiro: Casa Editora Vecchi, 1972.

INSTITUTO CENTRO-AMERICANO DE MANÁGUA. *Sangue pelo povo*. Petrópolis: Vozes, 1984.

KUSHNER, H. S. *The Lord is my shepherd*. Nova York: Alfred A. Knopf, 2003.

LADRIÈRE, J. Por que a fé?, em *A hodierna mentalidade científica e a fé cristã*. São Paulo: Paulinas, 1975, pp. 173-185.

MESTERS, C. *A missão do povo que sofre*. Petrópolis: Vozes, 1981.

________. *Deus, onde estás?* Petrópolis: Vozes, 1987.

________. *Palavra de Deus na história dos homens*, 2 v. Petrópolis: Vozes, 1972.

SANTANA, J. *Pão, Vinho e Amizade*. Rio de Janeiro: CEDI, 1986.

WEIL, S. *Attente de Dieu*. Paris: La Colombe, 1950.

TERCEIRA PARTE

Na minha frente preparas a mesa

ALVES, R. *A gestação do futuro*. Campinas: Papirus, 1985.

BOFF, L. *As virtudes da globalização humana*. Petrópolis: Vozes, 2004 (a lançar).

________. O martírio, em *Concilium nº 183*. 1983, pp. 273-280.

COMBLIN, J. *O clamor dos oprimidos, o clamor de Jesus*. Petrópolis: Vozes, 1984.

________. *Vocação para a liberdade*. São Paulo: Paulus, 1998.

FREI BETTO. *Batismo de sangue*. Rio de Janeiro: Bertrand do Brasil, 1991.

FREI BETTO, FREI FERNANDO e FREI IVO. *O canto da fogueira*. Petrópolis: Vozes, 1978.

LESBAUPIN, Y. *A bem-aventurança da perseguição*. Petrópolis: Vozes, 1975.

OVÍDIO. Metamorphoses, livro VIII, em René Gouast, *La poésie latine*. Paris: Seghers, 1972, pp. 620-720.

SUNDERMEIER, T. *Comprendere lo straniero*. Bréscia: Queriniana, 1999.

________. *Konvivenz und Differenz*. Erlangen: Verlag der Ev. Luth. Mission, 1995.

Unges minha cabeça com perfume

BECQUET, G. Perfume, em *Vocabulário de teologia bíblica*. Petrópolis: Vozes, 1977, pp. 767-768.

CHEVALIER,J. e GHEERBRANT, A. Parfum, em *Dictionnaire des symboles*, v. I. Paris: Seghers, 1969, pp. 363-364.

LELOUP, J.-Y. Maria Madalena, em *Caminhos de realização*. Petrópolis: Vozes, 1999, pp. 137-142.

SEBASTIANI, L. *Maria Madalena. De personagem do evangelho a mito de pecadora redimida*. Petrópolis: Vozes, 1995, pp. 49-52.

STEVENS, A. Head, em *Ariadne's Clue*. Princeton: Princeton University Press, 1998, pp. 410-412.

VAN DEN BORN, A. Unção, em *Dicionário enciclopédico da Bíblia*. Petrópolis: Vozes, 1985, pp. 1539-1541.

E minha taça transborda

BOFF, L. *Experimentar Deus*. Campinas: Verus, 2002.

________. *Graça e experiência humana*. Petrópolis: Vozes, 1998, pp. 143-170.

GODBOUT, J. *O espírito da dádiva*. Rio de Janeiro: Fundação Getúlio Vargas, 1999.

KUSHNER, H.S. *The Lord is my shepherd. Healing wisdom of the twenty-third psalm*. Nova York: Alfred A. Knopf, 2003, pp. 145-155.

LÉON-DUFOUR, X. Vinho, em *Vocabulário de teologia bíblica*. Petrópolis: Vozes, 1977, pp. 1.080-1.082.

RAVASI, G. *Il libro dei Salmi. Commento e attualizzazione,* v. I. Bologna: EDB, 1981, pp. 443-445.

VAN DEN BORN, A. Vinho, em *Dicionário enciclopédico da Bíblia*. Petrópolis: Vozes, 1985, pp.1563-1565.

Bondade e fidelidade me escoltam todos os dias

GALLEGO, E. Israel, un pueblo comprometido, em *Biblia y Fe 4*. 1978, pp. 115-135.

GIBLET,J. e GRELOT, J. Aliança, em *Vocabulário de teologia bíblica*. Petrópolis: Vozes, 1977, pp. 25-33.

IMSCHOOT, V. Aliança, em *Dicionário enciclopédico da Bíblia,* Petrópolis: Vozes, 1985, pp. 38-44.

LOWE, W. J. Cosmos and convenat, em *Semeia 19*. 1981, pp. 107-112.

SALAS, A., Alianza, em *Conceptos fundamentales del cristianismo*. Madri: Trotta, 1993, pp. 13-20.

SKRZYPCZAK, O. Origem da aliança entre Deus e Israel, em *Atualidades bíblicas*. Petrópolis: Vozes, 1971, pp. 41-54.

Habitarei na Casa do Senhor

BOFF, L. *A cruz nossa de cada dia*. Campinas: Verus, 2003.

________. *A nossa ressurreição na morte*. Petrópolis: Vozes, 1999.

________. *Ética e moral*. Vozes: Petrópolis, 2003.

________. *Sacramentos da vida e a vida dos sacramentos*. Petrópolis: Vozes, 1971.

LÓPEZ-BARALT, L. e PIERA, L. *El sol a medianoche*. Madri: Trotta, 1996.

VAN DEN BORN, A. Casa, em *Dicionário enciclopédico da Bíblia*. Petrópolis: Vozes, 1985, pp. 253-254.

VON UNGERN-STERNBERG, R. Das Wohnen im Hause Gottes, em *Kirche und Dogma 17*. 1971, pp. 209-223.

CONHEÇA OUTROS TÍTULOS DE LEONARDO BOFF

A oração de São Francisco

Leonardo Boff transporta a oração de São Francisco para o mundo atual, ajudando-nos a assimilar essa mensagem pronunciada através dos séculos por todos os povos e credos.

O texto nos conta a origem da oração, definindo a paz a que ela se refere, as causas que atentam contra a harmonia no mundo e a maneira de ser um autêntico instrumento de paz. Depois da leitura deste livro, sempre que pronunciarmos a oração, o nosso apelo estará fortalecido pelo espírito que fez deste santo um símbolo dos sonhos de felicidade e realização humana acalentados no fundo de nossos corações.

Espiritualidade

"A espiritualidade vive da gratuidade e da disponibilidade, da capacidade de enternecimento e de compaixão, da honradez em face da realidade e da escuta da mensagem que vem permanentemente desta realidade. Quebra a relação de posse das coisas para estabelecer uma relação de comunhão com as coisas. Mais do que usar, contempla.

Há dentro de nós uma chama sagrada coberta pelas cinzas do consumismo, de uma vida distraída das coisas essenciais. É preciso remover tais cinzas e despertar a chama sagrada. E então irradiaremos. Seremos como um sol."

Leonardo Boff

Tempo de transcendência

"Creio que a transcendência é talvez o desafio mais secreto e escondido do ser humano. Ele se recusa a aceitar a realidade na qual está mergulhado porque se sente maior do que tudo que o cerca.

Com seu pensamento, ele habita as estrelas e rompe todos os espaços. Essa capacidade é o que nós chamamos de transcendência, isto é, transcende, rompe, vai para além daquilo que é dado. Numa palavra, eu diria que o ser humano é um projeto infinito."

Leonardo Boff

Inclui CD com palestra do autor.

Ethos mundial

O tema deste livro é a necessidade de uma ética mundial fundada em consensos mínimos, como a erradicação da miséria, a eliminação das armas atômicas e um pacto de convívio e harmonia entre as religiões e culturas.

Um dos mais importantes pensadores cristãos da atualidade no campo da religião, da crítica social e da ecologia, Leonardo Boff reflete sobre essas questões e propõe um pacto planetário pela paz, pela justiça e pela solidariedade.

Civilização planetária

O processo de crescente globalização em todas as esferas da vida representa uma nova fase da evolução do ser humano e do próprio planeta Terra. As perplexidades atuais derivam do fato de que ninguém pode dizer para onde caminha o processo de globalização. Nele há muitos riscos, mas também incomensuráveis oportunidades.

Este livro procura situar essas questões e lançar uma reflexão sobre o futuro comum. Traz a esperança de que a humanidade faça uma travessia bem-sucedida rumo a uma civilização mais integrada humana e espiritualmente.

Ecologia: grito da terra, grito dos pobres

Considerado um dos livros mais importantes da carreira de Leonardo Boff, *Ecologia: grito da terra, grito dos pobres* oferece ao leitor uma visão crítica das várias correntes ecológicas – ambiental, mental, social e integral –, discutindo seus pressupostos filosóficos, culturais e espirituais.

Por abordar questões ligadas à ecologia, à justiça social e à espiritualidade neste livro, Leonardo Boff foi agraciado em 2001, em Estocolmo, na Suécia, com o Prêmio Nobel Alternativo da Paz.

Fundamentalismo

Leonardo Boff amplia nossa compreensão do que é o fundamentalismo mostrando que se trata de uma forma de ver o mundo presente não apenas no islamismo, o que se tornou comum pensar após os ataques terroristas aos Estados Unidos, como nas demais religiões, na economia, na política e em nossa cultura.

Neste livro, o autor oferece uma visão histórica do processo de globalização e de sua relação com os conflitos no mundo inteiro, além de apontar as alternativas de que dispomos para construir uma paz duradoura entre os povos.

Inclui CD com palestra do autor.

Leonardo Boff e Rose Marie Muraro

Feminino e masculino

Leonardo Boff e Rose Marie Muraro fazem uma análise profunda da sexualidade e mostram como os conflitos entre os gêneros podem levar à destruição da humanidade. É preciso estabelecer um convívio pessoal mais harmônico, sem competição nem violência, e criar uma nova consciência, mais solidária.

Os autores chegam às mesmas conclusões por caminhos totalmente diferentes. Leonardo faz um apanhado da sexualidade desde os primeiros seres vivos até hoje, e Rose se detém sobre os processos simbólicos e faz articulações entre a sexualidade, a família e o sistema econômico.

CONHEÇA OS 25 LIVROS MAIS VENDIDOS DA SEXTANTE

– *Muitas vidas, muitos mestres, Só o amor é real* e *Meditando com Brian Weiss,* de Brian Weiss
– *Conversando com os espíritos* e *Em busca da espiritualidade,* de James Van Praagh
– *A última grande lição,* de Mitch Albom
– *Enquanto o amor não vem,* de Iyanla Vanzant
– *A oração de São Francisco,* de Leonardo Boff
– *O ócio criativo,* de Domenico De Masi
– *Mantenha o seu cérebro vivo,* de Lawrence C. Katz e Manning Rubin
– *Por que os homens fazem sexo e as mulheres fazem amor?,* de Allan e Barbara Pease
– *Uma ética para o novo milênio* e *Palavras de sabedoria,* do Dalai-Lama
– *Histórias para aquecer o coração,* de Mark Victor Hansen e Jack Canfield
– *100 segredos das pessoas felizes* e *100 segredos das pessoas de sucesso,* de David Niven
– *Aprendendo a gostar de si mesmo,* de Louise Hay
– *Um dia "daqueles", Querida mamãe* e *O sentido da vida,* de Bradley Trevor Greive
– *Você é insubstituível* e *Dez leis para ser feliz,* de Augusto Cury
– *A vida é bela,* de Dominique Glocheux
– *Faça o que tem de ser feito,* de Bob Nelson
– *Não leve a vida tão a sério,* de Hugh Prather

Informações sobre os Próximos Lançamentos

Para receber informações sobre os próximos lançamentos da Editora Sextante, queira entrar em contato com nossa Central de Atendimento, dando seu nome, endereço e telefone para:

Editora Sextante
Rua Voluntários da Pátria, 45 – Gr. 1.404 – Botafogo
22270-000 – Rio de Janeiro – RJ
Tel.: (21) 2286-9944 – Fax: (21) 2286-9244
DDG: 0800-22-6306 (ligação gratuita)
E-mail: atendimento@esextante.com.br

Para saber mais sobre nossos títulos e autores, e enviar seus comentários sobre este livro, visite o nosso site: www.sextante.com.br

PAPEL

CHAMOIS-BULK alta performance

Impresso em papel Chamois Bulk Alta Performance Dunas 90g/m² da Ripasa S/A, fabricado em harmonia com o meio ambiente.